原野的阅读课

鲍尔吉·原野 著

江苏凤凰文艺出版社

图书在版编目（CIP）数据

原野的阅读课 / 鲍尔吉·原野著 . —— 南京： 江苏凤凰文艺出版社, 2022.1（2024.12 重印）

ISBN 978-7-5594-6340-1

Ⅰ . ①原… Ⅱ . ①鲍… Ⅲ . ①阅读课 – 中学 – 教学参考资料 Ⅳ . ① G634.333

中国版本图书馆 CIP 数据核字（2021）第 231457 号

原野的阅读课

鲍尔吉·原野 著

出 版 人	张在健
责任编辑	朱雨芯
策划编辑	文芹芹
装帧设计	凌富仁
责任印制	刘 巍
出版发行	江苏凤凰文艺出版社
	南京市中央路 165 号，邮编：210009
网　　址	http：//www.jswenyi.com
印　　刷	苏州市越洋印刷有限公司
开　　本	889 毫米 ×1194 毫米　1/32
印　　张	7.25
字　　数	150 千字
版　　次	2022 年 1 月第 1 版
印　　次	2024 年 12 月第 3 次印刷
书　　号	ISBN　978-7-5594-6340-1
定　　价	39.80 元

江苏凤凰文艺版图书凡印刷、装订错误，可向出版社调换，联系电话 025-83280257

前言

人们说，一个人的精神成长史，就是他的阅读史。在阅读中，人类认识世界，发现自我，阅读的过程就是寻找与建造精神家园的过程，就是给生命化妆的过程。就中学生而言，阅读不仅是一项责无旁贷的重要任务，也是提升语文素养的不二法门。"读书破万卷，下笔如有神"（杜甫），"无他术，唯勤读书而多为之"（欧阳修），这些名人名言讲述的就是这样虽简单却深刻的道理。

问题是，中学生该读什么样的书？名著当然是经过岁月洗礼的产物，值得一读再读。但同样的经典却很难让不同年龄、不同层次的人都"欣然忘食"，或"像饥饿的人扑在面包上一样"，而且，中学生的阅读时间难免会受到种种限制，于是，那些兼具思想性、艺术性、趣味性的，篇幅相对不太长的篇章，就更容易成为学生党的掌中宝了，也是中考或平时阅读训练的热点素材。

鲍尔吉·原野的散文就是其中之一。

笔者十多年前开始关注鲍尔吉·原野的散文，并且将他的作品用作了初中生阅读的命题材料。只不过那时竟记不住到底是姓"鲍尔吉"还是"鲍吉尔"，后来拜读到他的《寻找鲍尔吉》，自是不觉莞尔，庆幸我比那位"银行小姐"要友好多了！

鲍尔吉·原野，蒙古族，一代天骄成吉思汗的后裔，内蒙古赤峰人。1981年开始发表作品，已出版《黎明的云朵》《公鸡肖像》《海的月光大道》等散文集。曾获鲁迅文学奖、人民文学奖、百花文学奖、全国少数民族文学创作"骏马奖"等奖项。他的作品也是初中生各类考试及中考语文阅读题的常客，文章频繁入选教材及试卷，是中学生日常阅读和应试阅读的好选择，既能提高阅读技巧，又能提升语文素养。

鲍尔吉·原野把"善良"作为自己的座右铭，觉得做一个善良的人比做一个作家更重要。他认为，"善良之树也是常青之树"，会结出"人性的纯粹和人性的辉煌"的果实。所以，在他的文学作品中，纯真和善良始终像乳汁流淌在字里行间。读他的《月光手帕》《雪地贺卡》等作品，你一定会潜移默化受到感染。

鲍尔吉·原野的散文是"接地气"的"小散文"，笔下的角色常常是我们的亲人、我们的朋友、我们的邻居、我们意外邂逅的陌生人、我们置身其间的自然山水，等等，但他独具慧眼地发现了其中的美，引领我们于平淡之中咀嚼出了深味，这对苦于不知如何从生活中寻找写作素材的中学生来说，无疑也是一个很好的示范。

"作者的语言充满一种好奇，像穿越山涧与平原的水流，时而奔放激越，时而平缓惆怅，但始终保持流动的速度。"这是评论家韩浩月对原野作品的评价。是的，读鲍尔吉·原野的文字，你会发现，流淌在其间的，有雅洁、细腻的诗意，如"乡村的墙头是鸟儿和小猫的乐园。小猫在墙头袅袅行走，俯瞰下界，不让君王。鸟儿成排站立墙头创造风景""凹处的草芽尤其多，长得高。草像埋伏的士兵，等待初夏冲出去和草原的大部队会合"；又不乏豪放、幽默和智慧，如"黄昏终于在夜晚来临之前昏了过去""宁静如羊的人，同样以钢铁的意志，带领人们走向胜利与和平"。这些比比皆是的鲜活文字，一定会让人在愉悦的阅读中不忍释卷。

笔者将原野先生40篇文质兼美、并被各地各类考试作为阅读题的文章重新分类，分为"童真童趣""挚爱亲情""世间百态""人生感悟""季节之歌""辽阔天地""草原生灵""河川沧海""万物有灵""艺术之美"等十个单元，通过"单元导读""旁批总评""阅读练习""写作启示"和"妙笔生花"等形式，以引导中学生在认识鲍尔吉·原野其人其文的同时，初步掌握学习语文的基本方法，养成良好的语文学习习惯，提高阅读与写作能力，促进自身精神的不断成长。

当然，单元的分类还未能做到无懈可击，其他方面的疏漏或不足也在所难免，恳请广大读者批评指正。

姚祥贵
2021 年 12 月

目录

第一单元　童真童趣

第1课　月光手帕　　　　　　2
第2课　雪地贺卡　　　　　　5
第3课　小鱼　　　　　　　　9
第4课　甲虫戒指　　　　　　14

第二单元　挚爱亲情

第5课　琥珀发卡　　　　　　20
第6课　巴甘的蝴蝶　　　　　24
第7课　墓碑后面的字　　　　35

第三单元　世间百态

第8课　用筛子筛水　　　　　41
第9课　去加格达奇的火车　　46
第10课　寻找鲍尔吉　　　　　52
第11课　信任开花　　　　　　59
第12课　雪地上的羽毛　　　　62

第四单元　人生感悟

第13课　积攒快乐　　　　　　68
第14课　谦卑的力量　　　　　71
第15课　让高贵与高贵相遇　　74
第16课　善良是一棵矮树　　　78
第17课　天真　　　　　　　　82

第五单元　季节之歌

第18课　春如一场梦　　　　　89
第19课　春天是改革家　　　　96
第20课　大夏之夏　　　　　　100
第21课　没有人在春雨里哭泣　104
第22课　四季　　　　　　　　109

第六单元　辽阔天地

第23课　黄昏无下落　　　　　116
第24课　静默草原　　　　　　120
第25课　一辈子生活在白云底下　124

第七单元　草原生灵

第 26 课　羊的样子　　　　　　　130
第 27 课　凹地的青草　　　　　　136
第 28 课　胡杨之地　　　　　　　139

第八单元　河川沧海

第 29 课　河床开始回忆河流　　　145
第 30 课　河在河的远方　　　　　149
第 31 课　布尔津河，
　　　　　你为什么要流走呢？　　152
第 32 课　雨落大海　　　　　　　157

第九单元　万物有灵

第 33 课　山菊花　　　　　　　　163
第 34 课　松塔　　　　　　　　　166
第 35 课　藤　　　　　　　　　　170
第 36 课　墙　　　　　　　　　　174
第 37 课　钟声　　　　　　　　　179

第十单元　艺术之美

第 38 课　我等过你　　　　　　　184
第 39 课　我们有时度过一个亲密的夜　188
第 40 课　写作让人活两辈子　　　193

参考答案　　　　　　　　　　　　200

第一单元

童真童趣

单元导读

　　脑门上的颗颗汗珠，小巷里的串串银铃，童年，一个天真而温暖的词。说起它，我们每个人都有自己独特的回忆。作家的记忆里，是墙壁海洋上的千万条小鱼，是独一无二的甲虫戒指；作家的笔下，是会回信的雪人，是掬一捧月光当作手帕。你的童年里，都有哪些抹不去的记忆？

第1课　月光手帕

　　很多年以前，我在医院为父亲陪床。病人睡熟之后，陪床的人并没有床可睡。时间已在后半夜，我散步在一楼和三楼的楼梯间。这时的医院没什么人走动了，几个乡下人披着棉袄蹲在楼梯口吸烟。偶尔，有戴着口罩的护士手执葡萄糖瓶轻盈往来。

环境描写，后半夜的医院，寂静中透着不安。

　　我下到一楼，又拾阶上楼。走在我前面的一个小姑娘，约莫是个中学生，行走间蹲下，捡一样东西，旋又走开了，回头瞅我一眼。她走开后，地上一个薄白之物仍放着，像一个手帕。

动作描写。

　　我走近看，这不是手帕，而是一小片月光摊在楼梯上。为什么是一小片呢？原来是从被钉死的落地长窗斜照进来的，只有一方手帕大的小窗未钉死。子夜之时，下弦月已踱到西天。这一片月光射入，在昏黄的楼道灯光下，弥足珍贵。

　　小姑娘误以为这是奶白色的手帕，她弯腰时，手指触到冰凉的水泥地上便缩回了。她瞅了我一眼，也许是怕被笑话。

本段有几个动词用得特别巧妙，你能找到吗？

我不会笑她,这一举动里充满生机。小姑娘也是一个病人的家属,我不知道她的病人在床上忍受着怎样的煎熬。但她是这么敏感,心里盛着美,不然不会把月光误作手帕。

<small>对小姑娘举动的评价。</small>

在她发现这块"月光手帕"前,我已将楼梯走了几遍,对周遭懵然,无动于衷。正是因为她弯腰,才诱使我把这一片月色看成手帕,或者像手帕。但我感伤于自己没有她那样的空灵,走过来也不会弯下腰去。因为一双磨炼得很俗的眼睛极易发现月光的破绽,也就失去了一次美的愉悦。

<small>用"我"对环境的熟视无睹来衬托小姑娘的敏感、灵动。</small>

许多年过去了,我对此事有了新的想法。多么希望她把这块"手帕"捡起来,抖一下。这是不可能的事情,但我替月光遗憾,它辜负了小姑娘轻巧地半蹲着捡手帕的样子。

<small>从月光的角度来写,别具一格。</small>

读与思

被病痛折磨的病人,陪床的家人,来来往往忙碌着的医护人员……医院里有伤病痛苦,有生离死别,空气里都是消毒水的味道,你能想到,在这样严肃的环境里,有个小姑娘想要捡起一片月光吗?小姑娘用她童真的眼睛发现了美好,作者用他灵动的笔触记录了美好。你从中读出了什么?

练一练

1. 第一自然段对医院环境的描写有什么作用？

2. "一双磨炼得很俗的眼睛极易发现月光的破绽，也就失去了一次美的愉悦。"说说你对这句话的理解。

3. 文章最后说："许多年过去了，我对此事有了新的想法。""新的想法"是什么？包含了作者怎样的心愿？

第 2 课　雪地贺卡

今年沈阳的雪下得大，埋没膝盖，到处有胖乎乎的雪人。　　　　　　　　　　　开头简洁，为下文埋下伏笔。

下班时，路过院里的雪人，我发现一个奇怪的迹象：雪人的颔下似有一张纸片。我这人好奇心重，仔细看，像是贺卡，插在雪人怀里。

抽出来，果然是贺卡，画面是一个满脸雀斑的男孩，穿着成人的牛仔装，在抹鼻涕。里面有字，歪歪扭扭，是小孩写的。　　　从这幅画中能窥见绘画人的内心。

雪人：

你又白又胖，橘子皮嘴唇真好看。你一定不怕冷，半夜里自己害怕吗？饿了就吃雪吧。咱俩做个好朋友！　　　　　　　　　　温饱问题、心理问题，尽显"诚挚的关爱"。

祝愿：新年快乐，心想事成！
　　　　　沈阳岐山三校二年级四班　李小屹

我寄出也接受过一些贺卡，这张却让人心动。　　描写"我"的"心动""嫉妒"，衬托李小屹品质的可贵。

我有点嫉妒雪人，能收到李小屹这么诚挚的关爱。

　　我把贺卡放回雪人的襟怀，只露一点小角。回到家，放不下这件事，给李小屹写了一张贺卡，以雪人的名义。我不知这样做对不对，希望不至于伤害孩子的感情。

李小屹：

　　真高兴得到你的贺卡，在无数个冬天里面，从来都没人送给我贺卡。你是我的好朋友！

　　祝愿：天天进步，永远快乐！

岐山中路10号三单元门前　雪人

　　我寄了出去，几天里，我时不时看一眼雪人，李小屹是否会来？认识一下也很好。第三天，我看见雪人肩膀处又插上了一张贺卡，忙抽出来读。

雪人：

　　我收到你的贺卡高兴得跳了起来，咱们不是已经实现神话了吗？但我的同学说这是假的。是假的吗？我爸说这是大人写的。我也觉得你不会写贺卡，大人是谁？十万火急！告诉我！（15个惊叹号）你如果不方便，也可通知我同学。王洋，电话621××10；张弩，电话684××77。

　　祝愿：万事如意，心想事成！

李小屹

旁批：
- 作者既想延续孩子美好的想象，使她对生活怀有期待，又担心创造的失实情境吓着孩子，破坏了孩子的纯真。
- 赞美了李小屹举动之暖心。
- "时不时""忙"，反映了"我"渴望得到回应的心理。
- 孩子的语言，孩子的表现，孩子的心理。

我把贺卡放回去，生出别样的心情。李小屹是个相信神话的孩子，多么幸福，我也有过这样的年月。在这场游戏中，我应该小心而且罢手了。尽管李小屹焦急地期待回音。

就在昨天，星期日的下午，雪人前站着一个女孩，背对着我家的窗。她装束臃肿，胳膊都放不下来了。这必是李小屹。她痴痴地站在雪人边上，不时捧雪拍在它身上。雪人的橘子皮嘴唇依然鲜艳。

我不忍心让李小屹就这么盼望着，像骗了她。但我更不忍心破坏她的梦。不妨让她惊讶着，甚至长成大人后跟自己的男友讲这件贺卡的奇遇。

一个带有秘密的童年是多么幸福。

肖像、动作描写，表明天很冷，李小屹没有因冷而放弃。神态描写，反映了人物的内心，李小屹依然沉浸在雪人的世界里。"橘子皮嘴唇"呼应前文，它就像李小屹的那颗纯洁、鲜艳的心。

篇尾议论、抒情，点明主旨。

读与思

贺卡，你一定寄出过许许多多，也收到过许许多多，有父母的、老师的、同学的、远方朋友的……给雪人寄贺卡，而且还收到了回复，这是一个多么奇妙的故事！这故事，源于一个孩子纯净的内心；这故事，又源于一个成人对这种童心的呵护。读来倍觉温馨、温暖。你心中是否也珍藏着这样的秘密？你是否也曾经给或打算给圣诞老人、孙悟空、卖火柴的小女孩、逝去的亲人……发发邮件或者寄去明信片？

练一练

1. 你觉得李小屹和"我"，各是怎样的人？

2. "我"看到，李小屹"痴痴地站在雪人边上"。她当时会想些什么呢？试用具体语句描述出来。

3. 如何理解"一个带有秘密的童年是多么幸福"？

4. "我"该不该再给李小屹回信？如果继续回信，你有更好的处理方式吗？

第3课　小鱼

我被父母允许使用铅笔的时候,刚刚五岁。为此大为兴奋,这种半截木棍并露出黑尖的东西,是另一种语言。胡乱画出的一些线条,使自己佩服自己,而且挥之不去。开始不知画什么,就弄心电图似的乱线,享受到怀素那种乐趣。但很快觉得单调。这时看我姐写字,十分嫉妒。我想所有未及上学的孩子看哥哥姐姐写字,都有过这种嫉妒。集愤懑、无奈于一身。

她把字写进作业本的格子里,很有力。每个格只一个字,而不是像我那种连缓如湍流的线条。我也曾宣示这些线条是字,让父母猜,但这种宣称除了被哄笑之外,不会有其他结局。我所奇怪的事情是姐姐写的"字",是一些复杂的图案。笔触短也变化多端,兼有转折与交叉。而有些"字",她只写几笔便弃之不顾,去写其他的"字"。有一次,我伏案观察她写字良久,指出有几个字她未写完,好像是"一"与"乙",竟又遭到她的嘲笑。

你有没有这种体验?

"宣示""宣称"用得有意思,文字解释权归"我"。

叙述"我"学写字的有趣故事。

我知道这些图案并不是她所创造的，但她居然能掌握，并在写完后用手指着，嘴里尖锐地发出音来，如"北——京——"，就令人稀奇了。那时我也囫囵着写一些字，尽量写复杂一点，同样指着它赋予一个音，如"赤——峰——"，但我很快就忘记了它的读音，记不住。这些一团乱麻似的字原本就是我生造的，念什么音都行。

又一个"我"学写字的有趣故事。

后来，我姐教我画小鱼，纾解了我的不安。

承上启下。

小鱼是一笔画成的。从尾巴开始，沿弧线向前，在鱼嘴的地方转折向后，然后一竖，就是尾巴。记住，鱼头一律是向左面，这就是向前，我姐就是这么教的。如果比较灵慧的话，可在鱼身画上瓦片似的鱼鳞，鱼尾由横线罗列而成。

我站在炕上，把小鱼一条接一条地从炕沿边的白墙上画到窗户边上，它们像箭头，一个跟着一个前进，永不掉头。接着画它们腹下的第二排，然后是第三排。鱼群在离我们家炕边三尺高的墙上庄严进军，比黄海或加勒比海汛期的鱼儿都要多。当你相信鱼的真实性之后，就无法怀疑墙乃是大海。多么宽广的大海啊！我常常坐在被垛上注视鱼群前进，为它们的气势所打动。然后，再使被垛这面墙也布满鱼群，当然它们是向另一个方向行进的。

墙壁成了大海，"我"常为鱼群的气势打动，可见鱼之多、画鱼兴致之高。

描摹一种形象，对孩子来说，是第一次对客观世界进行表达，也是第一次抽象。在这之前，孩子脑中的外界映象太多，而他倾吐的太少。一进一出，心脑平衡，人与世界也得到平衡。不然我也不能画那么多的鱼，不比别人更能理解原始人为什么在艰苦的环境中，于跳跃的火光下在石壁上画岩画。一个不会写字又急于表达对世界看法的人，大约如此。而岩画留给我们的信息，并不是画上的鹿和狼，而是画画的人曾经在世上寂寞地活过。

本段有议论、有联想，也有类比，丰富文章内涵。

我们家的鱼，在那个时期以惊人的速度繁殖，桌子上、杂志上，包括箱子盖内侧的木板上，都布满栩栩如生的小鱼，它们甚至钻进了我爸皮鞋的鞋垫上。我记得有一本好看的书，大开本彩印精装，叫《辉煌的十年》，记录内蒙古自治区成立十周年的盛绩。照片上铜花四溅，或女人穿彩裙结队而笑，羊群低头吃草。这本书所有的空白处，都被我画上了小鱼，极大地弥补了内蒙古水产业的不足，正所谓年年有余。殊不知，此书是我爸借来写稿子用的，他一翻竟大吃一惊。他把书对着我妈一页一页翻开，绝望地说："看，这怎么退还？"又翻一页，嘴里还是"怎么还"。我妈眼里分明带着笑意，但装作沉重地摇头。我爸问："谁教他画鱼的？"不用说，我姐挨了一顿严厉的斥责。

"繁殖"一词用得妙。

幽默风趣，令人忍俊不禁。

"我"有无受"迫害"，无从知道；但于"我"姐来说，却无疑是"祸从天降"。

几年前，我回家省亲，见父母半夜倒腾箱柜找什么东西。后来找到了，是一本奖状。我爸被评为自治区50年有突出贡献的专家，须复印上报这个40年前得的奖。一翻开，嗯？在乌兰夫签名与奖状大字的左左右右，游弋着一条条小鱼。我看到它无比亲切,这样的笔触让人珍怜,童雅朴拙而真诚。

"这一定是阿斯汗干的!"我爸极为愤怒,把阿斯汗从被窝拎出来批斗。他是我外甥,所有恶作剧的制造者。

"批斗",大词小用,别有趣味。

"没有!"阿斯汗揉着眼睛说。他干了坏事后都说"没有"。

"你呀你呀。"我爸痛切地坐在床上,指着阿斯汗,"你真完了!"

寥寥几笔,个性鲜明。戛然而止,令人回味。

"没有!"阿斯汗强硬地梗着脖颈。

读与思

信手涂鸦,大概是孩童的天性。你家墙面上是否留下过你小时候的"杰作"?甚至,你现在的书本上是否也有你随手画下的图案?作者是有类似经历的,作者的外甥也有类似的经历。"我"的绘画启蒙老师——"我"的姐姐、阿斯汗的妈妈,当年难道不爱随意写、画?娓娓讲述这些充满童心童趣的故事,让你和作者一起回到童年,会心地微笑乃至捧腹大笑,这就是作品的魅力。你是否也有同样的故事可以分享呢?

练一练

1. 请你用自己的话概括回答:"我"小时候为什么那么喜欢画鱼?

2. 当"我"在《辉煌的十年》上画鱼一事被父亲发现后,"我妈眼里分明带着笑意,但装作沉重地摇头"。你能理解"我妈"此时的心态吗?

3. 文章在写"我"姐教"我"画小鱼前,用了很多笔墨写"我"学写字的内容,这部分是否多余?请说说你的理由。

第4课　甲虫戒指

用一根带丝线的针穿过甲虫的身体，然后把线系在手指上，这是我幼时的宝石戒指。

甲虫是瓢虫，我们叫"花大姐"。它傻傻地飞，很慢，然后落在纱窗、扫院子的竹帚和向日葵的叶子上，缓缓爬行。

瓢虫爬得这么缓慢，竟然会飞？我们十分不理解。鸟飞得快走得也很快。慢就是笨。瓢虫无疑笨。有一次，它落在我的鼻子上，还有比这更笨的降落吗？

而它被赋予戒指的意义后，变得高级一些。我戴着这枚戒指去游泳。

"花大姐。"有人指着我的手说。

我把手指弯一弯，瓢虫还在。

"这咋回事儿呀？"这家伙俯过身来要看，被我挡住了。

"我给它用了定身法。"我告诉他，"一会儿给你也用。"

开篇介绍甲虫戒指，点题。

此处和下文用了很多叠词，有情味。

"降落"，拟物修辞手法，生动形象。

一副神气十足的样子。

他们嘻嘻笑着，表示不信。但花大姐始终趴在我的手指上。我戴着它潜泳。它可能从来没到盟游泳池来过，这里充满漂白粉的气味。雨水被阳光晒热了之后，在水泥地上结成绿苔，光滑无比。更衣室里走动着裸体的人，他们在喷头冰冷的水流中发抖，以至穿不上衣服。我在水下睁开眼睛，看我的戒指还在。瓢虫看到了水底世界，阳光照不进来，绿蒙蒙地混沌。我们常在三米深处玩摸五分钱的游戏。有一次，小瑞用防水胶把硬币粘在了池底，我们谁也没捞上来。后来，换水之后，一个外院的小孩见了，说了声"钱！"便扑通扎进水里。我们在岸上暗笑，看他手舞足蹈地抠钱。要是钱多，最好在池底粘二十个，人们会疯了一样钻进水里，再钻出。

　　我的戒指不知什么时候丢失了，但不想再做另一枚。赤脚医生曾用针从我的太阳穴扎进去，不知扎了多深；在另一太阳穴又扎一根，说治风湿。那滋味瓢虫已经尝到了。也许它带着丝线飞走了，对同伴炫耀：这是我的拿破仑绶带。

　　瓢虫是昆虫中最像坦克的，圆滚滚地前进；又像一粒红小豆被切成了两半。翻过来看，剖面上竟然长着爪子。瓢虫的壳光洁闪亮，橙色带点黑点，这几乎就是一颗宝石，如果你这样想的话。在锦缎的盒子里，放着这样一粒橙色带黑点儿的宝石，一点瑕疵都没有。灯光更加明亮，贵妇人用放大镜仔

写盟游泳池的内外环境，瓢虫跟着"我"见了世面。

随手一笔，调侃了世态。

将心比心，瓢虫的痛苦一如"我"曾经的痛苦。最后一句想象瓢虫的快乐，其实也是"我"的快乐。

连用三个比喻描写瓢虫的形态、色泽，突出了"我"对瓢虫的喜爱之情。

细观看。

　　我正在窗台冥想的时候，宝石轻浮地飞走了。当时，我准备的台词还有：

　　——开价吧，夫人。

　　——500万法郎。

　　我矜持地笑了笑，关上宝石的盒子。

写"我"的神态、动作。"我"内心其实心花怒放，但还要装出绅士之态。只可惜"宝石"已飞，最终大概也只能无奈地"关上宝石的盒子"。

读与思

　　一名贵妇人，用放大镜审视着锦盒里的一枚完美无缺的宝石。这是哪里的场景？电影里？抑或是电视里的"鉴宝"栏目？都不是，在"我"的脑海里。这价值500万法郎的"宝石"，居然是一个孩子用一根丝线串起的一只瓢虫，而且这瓢虫还不翼而飞了！这是不是很滑稽？但是不是又充满妙趣？秦文君说："在现实中加入想象，文字一下就能飞起来。"《小王子》则说："所有的大人都曾经是小孩，虽然，只有少数的人记得。"那么你是否还记得孩提时的趣事，是否"看山是山，看水是水"？

练一练

1. 文末"我"设想贵妇人用放大镜审视"宝石"这一情节,有什么作用?

_____

_____

_____

2. 下面这句话中加点的词用得妙,为什么?

我正在窗台冥想的时候,宝石轻浮地飞走了。
　　　　　　　　　　　　··

_____

_____

_____

3. 作者曾说过,天真有时是诗,有时睿智,有时幽默,有时也是洞见。请结合本文内容,谈谈你对这句话的理解。

_____

_____

_____

_____

_____

写作启示

本单元所选的文章都是叙事类文章,作者从记忆的海洋里打捞出了关于童年的点点滴滴,有亲身体验过的,也有见到的,听到的。初拿铅笔,"我"学会了画小鱼,于是家里到处都是游来游去的小鱼;捉到一只瓢虫就成了世上最特殊的戒指,这些都是"我"记忆里的童年。成年人也有童心,雪地上发现了孩子写给雪人的信件,"我"写了回信。后半夜的医院,一抹月光照进来,便成为小姑娘的"月光手帕",这何尝不是作者的童心童趣?我们身边每天上演着各种故事,做个生活的有心人,各种故事都可以成为你的写作素材。

妙笔生花

你的童年都有哪些趣事?请你选择其中一件,学习作者的写法将故事写下来。题目自拟,不少于600字。

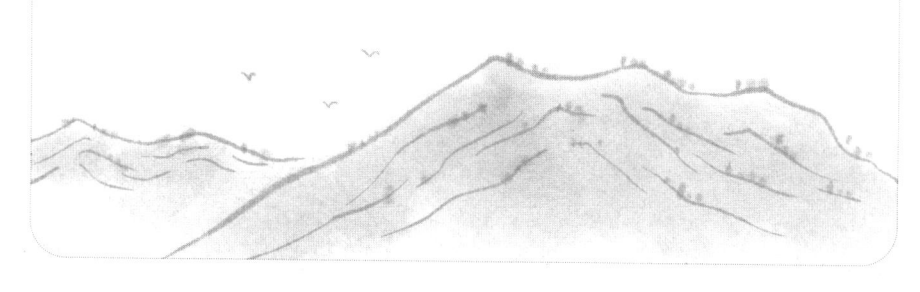

第二单元

挚爱亲情

单元导读

　　亲情是孟郊慈母手中的针线，亲情是王维"独在异乡为异客，每逢佳节倍思亲"的感喟，亲情是苏轼"但愿人长久，千里共婵娟"的祝愿，亲情是韩愈对侄儿"汝病吾不知时，汝殁吾不知日"的歉疚，亲情是巴金与妻子萧珊的相濡以沫，亲情是朱自清父亲的背影……亲情还是巴甘念念不忘的蝴蝶，是墓碑后面"妈妈我想你"五个字，甚至是离婚夫妻的一只琥珀发卡。你如何理解亲情？你有没有珍惜亲情？你如何让亲情永续？

第5课　琥珀发卡

　　这个女人从街道办事处走出来，时间是14点整。阳光刺眼，人流如织。一排穿彩裙的姑娘拍手呼喊，推销一款酸奶。无腿的乞儿伸出手，说："好人一生平安。"女人挥手把他赶开。这是四川绵阳的繁华街市。

　　女人身边有个男人，他们三十岁左右。衣装考究，神色漠然。这种表情对他们来说，已算友好，至少礼貌。两人刚办完离婚手续。

　　女人看表，14：00。今天是护士节，她所在的医院有活动，每位护士都有奖品，可能还有红包，当然她也有。

　　女人向男人伸出手，道别。也许这是最后的握手或称肢体接触了。男士摆手："你在这儿等一下，我马上回来。"

　　女人说："我有事儿。"

　　男人："等十分钟。前面就是那家店，给你买个琥珀发卡。"

描述人们真实的日常生活，与下文地震突然袭击后的场景形成鲜明对比。

"最后的握手"与"肢体接触"两个词道出了二人关系的变化。

女人:"不必了。"

男人跑远,一百多米外那家商厦,里面卖高级发卡,每个两百元、五百元,好的上千元。去年,女人过生日要一个发卡,男人竟说:"发卡两三百元?够失学儿童一年学费了。你有病!"

女人告诉他,头发是女人美丽的一部分,它不是拖布。如果发卡上镶琥珀,还会上千元,物有所值。

男人说:"头发剪掉卖了也值不上二十元钱,凭什么戴一千元的发卡?荒唐!"

女人反诘:"美丽无价!"

诸如此类的争吵还有很多,他们离婚并没有骇人的事件。简单说,是因为价值观不同。对钱以及使用钱的观念不一样。

比如,她说吃剩饭有害健康,倒掉。他说,扔粮食作孽。看亲友,她想买花篮,他说买牛奶。每次聚会,他带回一堆打包的饭菜。他甚至把单位作废的文件用车驮回来卖钱。跟他在一起,女人感到窒息。

女人看表,14:20。分手了,她真不稀罕发卡之类的东西。饰物和衣物一样,与心情在一起才美丽。她心急,14:30就开会了,她却在大街上等一个前夫的什么发卡,这才叫荒唐。

可是走掉也不好。女人朝那家商厦走,准备劝他别买了,当然要谢谢他。至少他还记得有这么一件遗憾的事。

插叙,讲述男人去买琥珀发卡的原因,用具体的事例反映二人"价值观不同"。

承上启下。

多次记录了具体的时间。对她来说,此刻每一分钟都是一种浪费。对故事来说,交代了背景:汶川地震发生于北京时间2008年5月12日14时28分。

因为过去忽略了女人的感受,为表达歉疚之情,男人执意要给女人买个发卡。他心里有她。

快到商厦了，男人隔着玻璃门朝她摆手，笑着。他穿一件蓝T恤衫，白领，手里晃动金黄色的发卡。这一瞬，大地剧烈抖动，如野马。人们的叫喊声淹没在建筑物倒塌的轰隆声中。地震了！女人想跑却迈不开步，地在晃。 动作、神态、外貌描写。

场面描写。

静了，楼房倒塌的土灰笼罩街市。女人蹲着，用手袋盖着头。她站起来，惊见商厦已经没了。它一半倒塌，另一半还立着，像被劈开。男人——她前夫被埋在山丘般的瓦砾堆里，砖石离她只有几米远。

恍惚半天，她才接受眼前的现实。前夫在废墟里？泪水突然涌上眼帘。她拼命地捡砖头、搬根本搬不动的预制板。

神态、动作描写，表现了女人的悲痛之情以及为救助男人的奋不顾身。

刹那间，女人脑海浮现一串画面：每天晚上，他给她洗脚，边洗边兑入保温瓶里的热水。洗她的裙子用筐晾晒，防止拉长。新婚之夜推醒她一起数星星……

点点滴滴到心头。表现男人对女人的挚爱深情，也表明他们的分手完全是彼此缺乏沟通和宽容造成的。

如果不为她买发卡，他不会埋在瓦砾下面。如果不离婚，他们不会来这里。女人觉得地震是老天爷对她的惩罚。

搬砖头，再搬……她的努力太微末了。她忽然得知：价值观的核心是活着，废墟下面那个在门口举着琥珀发卡的男人，是她最重要的人。

画龙点睛，突出主旨。付出沉重代价后的深切领悟。这个男人也只能被称为"逝者""前夫"。

女人在余震中受伤，转入沈阳某医院治疗，在病床上讲述这段经历。她手里拿着琥珀发卡。其前夫已遇难。

尾声，交代故事来龙去脉。照应标题，耐人寻味。

第5课 | 琥珀发卡

读与思

　　爱是什么？一见钟情吗？山盟海誓吗？花前月下吗？慷慨花钱吗？妇唱夫随吗？……他们走到了婚姻的尽头。然而，男人的心里还有她，为了弥补一件"遗憾的事"，他走进了商厦。突如其来的地震让瞬间成了永恒。他让她猛然忆起曾经的点点滴滴的好，他让她终于懂得什么叫失去才知道可贵，他让她坚信他是她最重要的人，他让她彻底醒悟想好好生活首先得好好活着。从这则令人唏嘘的故事中，你又能领悟到什么呢？

练一练

1. 结合文章内容分析，"琥珀发卡"在文中起什么作用？

2. 文中的"女人"和"男人"各具有怎样的形象特征？

3. 你如何理解下面这句话的含义？
饰物和衣物一样，与心情在一起才美丽。

4. 有人读完这则小说后写了下面一首诗，以表达自己的感悟。你是否也能试着写上几句？
夫亡方念旧时恩，地坼绵阳人断魂。
契阔死生犹在耳，婚姻抛掷竟无痕。
废墟血色身先死，琥珀金黄手尚温。
万唤千呼呼不起，天风吹雨似倾盆。

第6课　巴甘的蝴蝶

1

人说巴甘长得像女孩，粉红的脸蛋一层黄绒毛，一笑，眼睛像弓弯着。

他家在内蒙古东科尔沁的赫热塔拉村，春冬萧瑟，夏天才像草原。大片绿草上，黄花先开，六个小花瓣贴地皮上，马都踩不死。铃兰花等到矢车菊开败才绽放。每到这个时候，巴甘比大人还忙，那时他三四岁。他采一朵铃兰花，跑几步蹲下，采红火苗似的萨日朗花，开裆裤鼓出两瓣屁股。

妈妈说："老天爷弄错了，巴甘怎么成了男孩儿呢？他是闺女。"

妈妈告诉巴甘不要揪花，"奥布德简休"——蒙古语，疼呢。他把花带土挖出来，浇点水，栽到什么地方。这些地方是箱子里、大舅江其布的烟荷包里、收音机后面，还有西屋的皮靴里。即便到了冬天，屋里也能发现干燥裂缝的泥蛋蛋，上面有指痕和干得像烟叶一样的小花。

外貌描写，这是一个可爱的假"女孩"。

环境描写，为人物活动提供场景。

动作描写，展现了一个活泼而稚拙的孩童形象。

再次强调像"闺女"，意味深长。

天真，有爱，执着。

巴甘的父亲敏山被火车撞死了。他和妈妈乌银花一起生活，庄稼活——比如割玉米，由大舅江其布帮助。大舅独身，只有一匹三岁的雪青毛骟马。妈妈死后，大舅搬过来和巴甘过。

妈妈得的不知什么病。其实巴甘不知什么叫"病"。妈妈躺在炕上，什么活都不干，天天如此，额头上蒙一块折叠的蓝色湿毛巾。许多人陆陆续续看望她，包括从来没见过的，穿一件可笑的红风衣的八十岁的老太太，穿旧铁路制服的人，手指肚裂口贴满白色胶布的人。这些人拿来点心匣子，自己家种的西红柿，拿来斯琴毕力格的歌唱磁带。妈妈像看不见，平时别说点心，就是塑料的绿发夹，她也惊喜地捧在手里。

> 不同的外貌，不同的特性。

"巴甘，拿过去吃吧。"妈妈指着嫦娥图案的点心盒子，说罢阖目。不管这些人什么时间进来，什么时间走，也不管他们临走时久久凝视的目光。巴甘坐在红堂柜下面的小板凳上，用草茎编着辫子，耳朵听着大人说话，听不懂。有时妈妈和大舅说话，把巴甘撵出屋。他偷听，妈妈哭，一声盖过一声，舅舅无语。这就是"病"？

> 平时热爱生活，此时有心无力。

晚上，巴甘躺在妈妈身边。妈妈摸他头顶的两个旋儿，看他耳朵、鼻子，捏他的小胖手指。

> 动作中尽是不舍的柔情。

"巴甘，妈妈要走了。"

"到哪里？"

"妈妈到了那个地方，就不再回来了。"

巴甘警惕地坐起身。

"巴甘,每个人有一天都要出远门,去一个地方。爸爸不是这样的吗?"

巴甘问:"那么,我要去哪里?"

"你哪里也不去,和大舅在一起。我走了之后,每年夏天变成蝴蝶,来看你。" *为下文故事埋下伏笔。*

变成蝴蝶?妈妈这么神奇,她原来为什么不说呢?

"我可以告诉别人吗?"巴甘问。

妈妈摇头,过一会儿,说:"有一天,村里人来咱们家,把我抬走。那时候我已经不说话了,也不睁眼睛。你不要哭,也不要喊我。我不是能变成蝴蝶吗?"

"变成蝴蝶就说不出话?"

妈妈躺着点头,泪从眼角拉成长条流进耳朵。 *细节描写,反映了人物内心深处的痛苦与留恋。*

她说得真准,有一天,家里来了很多人,邻居桑杰的奶奶带巴甘到西屋,抱着他。他们把妈妈抬出去,在外面,有人掀开她脸上的纱巾。妈妈的脸太白了。人们忙乱,雨靴踩得到处是泥,江其布舅舅蹲着,用手捏巴甘颤抖的肩头。 *肩头在"颤",心也在"颤"。*

2

从那个时候起,赫热塔拉开始干旱。牧民们觉得今年旱了,明年一定不旱,但年年都旱。种地的时候,撒不上种子,没雨。草长得不好,放羊的人把羊赶了很远，还吃不饱，反把膘走丢了。草少了，沙子多起来。沙堆像开玩笑一样突然出现在公路上，或者堆在桑杰家的房后。小孩子高兴，光着腚从上面滑下来，用胳膊掏洞。里边的沙子湿润深黄，可以攥成团。村里有好几家搬走了，到草场好的地方。

> 比喻沙子突如其来。

巴甘看不到那么多的花了。过去，洼地要么有深绿的草，要么在雨后长蘑菇，一定有花。现在全是沙子，也看不到蝴蝶。原来，它们在夏季的早晨飘过来飘过去，像纸屑被鼓风机吹得摇晃。妈妈变成蝴蝶之后，要用多长时间才飞回赫热塔拉呢？中途累了，也许要歇一歇，在通辽或郑家屯。也许它见到河里的云彩，以为是真云彩，钻进去睡一会儿，结果被水冲走了。

> 心理描写，尽显担心和思念。

那年敖包节过后，巴甘坐舅舅的马车拉化肥，在老哈河泵站边上看见蝴蝶。他已经十多岁了，跳下马车，追那只紫色的蝴蝶。

> 动作描写，反映了内心的急切。

舅舅喊："巴甘！巴甘！"

喊声越来越远，蝴蝶在沙丘上飞，然后穿过一片蓬蓬柳。它好像在远方，一会儿又出现在眼前。巴甘不动了，看见它往远处飞，一闪一闪，像树叶子。

后来，他们俩把家搬到奈曼塔拉，舅舅给一个朝鲜人种水稻，他读小学三年级。

这里的学校全是红砖大瓦房，有升国旗的旗杆，玻璃完好，冬天也不冷。学校有一位青年志愿者，女的，金发黄皮靴，叫文小山，香港人。文老师领他们班的孩子到野外唱歌，夜晚点着篝火讲故事。大家都喜欢她，和她包里无穷无尽的好东西：塑料的扛机枪的小人、指甲油、米老鼠形的圆珠笔、口香糖、闪光眼影、藏羚羊画片。每样东西文老师都有好多个，放在一个牛仔背包里。她时刻背着这个包，遇到谁表现好——比如敢大声念英语单词，她就拉开包，拿一样东西奖励他。

有一天下午，文老师拿来一卷挂图，用摁钉钉在黑板上。

"同学们，"文老师指着图，"这是什么？"

"蝴蝶。"众生说。

图上的蝴蝶铺翅，黄翅带黑边儿，两个触须也是黑的。

"这是什么？"

"蛆虫。"

"对。这个呢？"她指着一个像栗子带尖的东西，"这是蛹。同学们，我们看到的美丽的蝴蝶，其实是由蛹变的。你别看蛆虫和蛹很丑，但变成了蝴蝶之后……"

"你胡说！"巴甘站起来，愤怒地指着文老师。

文老师一愣，说："巴甘，发言请举手。坐下。"

巴甘坐下，咬下嘴唇。

"蛹在什么时候会变成蝴蝶呢？春天。大地复苏……"

> 语言、神态、动作描写，因蝴蝶（母亲）的美好形象遭亵渎而出离愤怒。

巴甘冲上讲台，一口咬住文老师的胳膊。

"哎哟！"文老师大叫，教室乱了。巴甘在区嘉布的耳光下松开嘴，文老师捧起胳膊看带血的牙痕，哭了。巴甘把挂图扯下，撕烂，在脚下踩，鼻子淌着血。区嘉布的衣裳扣子被扯掉，几个女生惊恐地抱在一起。

细节描写，巴甘被文老师的讲解内容激怒，拼命反抗，疯狂撕咬，不肯善罢甘休。

"索耶略铁米？（疯了吗？）"校长来到，他用手戳巴甘额头。巴甘后仰坐地。他把巴甘拎起来，再戳。"索耶略铁介（疯了）！"巴甘坐地。

校长不问青红皂白，简单粗暴，维护了教师利益，伤害了学生。

校长向文老师赔笑，用嘴吹她胳膊上的牙痕。向文老师赔笑的还有江其布舅舅，他把一只羊牵来送给了文老师。校长经过调查，巴甘并没有被疯狗咬过，告诉文老师不用害怕。巴甘被开除了。

一天晚上，文老师来到巴甘家，背着那个包。她让江其布舅舅和黄狗出去待一会儿，和巴甘单独谈一谈。

"孩子，你一定有心结。"文老师蹲下，伸出绑着绷带的手摸巴甘的脸，"告诉老师，蝴蝶怎么了？"

蝴蝶？蝴蝶从很远的地方飞过来，也许是锡林郭勒草原，姥姥家就在那里。蝴蝶在萨日朗的花瓣里喝水，然后洗脸，接着飞。太阳晒的时候，它躲在白桦树的叶子下面凉快一下，太阳落山之后再飞。在满天星光之下，蝴蝶像一个精灵，它要么是玉白色，也许是紫色水晶……

"蝴蝶让你想起了什么？孩子。"

巴甘摇头。

文老师叹口气，她从包里拿出一双球鞋，皮的，蓝鞋带儿，给巴甘。

巴甘摇头。他的黄胶鞋已经烂了，胶皮没烂，帆布的帮露出肉来。他没鞋带儿，麻绳从脚底板系到脚背。

文老师把新鞋放炕上，巴甘抓起来塞进她包里。

文老师走出门，见江其布纯朴可怜的笑脸，再看巴甘。她说："蝴蝶是美丽的。巴甘，但愿我没有伤害你，上学去吧。"

巴甘回到学校。

> 与妈妈临去世前的"摇头"遥相呼应。
>
> 真是一个可怜的孩子！

3

巴甘到了初一年级的时候，成了旗一中的名人。在自治区中学生数学竞赛中，他获得了第三名，成为邵逸夫奖学金获得者。

暑假时，盟里组织一个优秀学生夏令营去青岛，包括巴甘。青岛好，房子从山上盖到山下，屋顶红色，而沙滩白得像倒满了面粉，海水冲上岸，又退回去。

夏令营最后一天的活动是参观黄海大学。楼房外墙爬满了常春藤，除了路，地上全有草，比草原的绿色还多。食堂的椅子都是固定的，用屁股蹭，椅子也不会发出声响。吃什么自己拿盘子盛，把鸡翅、烧油菜和烧大虾端到座位上吃。吃完，铁盘子扔进一个红塑料大桶。

吃完饭，他们参观生物馆。

像一艘船似的鲸鱼骨架、猛犸的牙齿、猫头鹰和狐狸的标本，巴甘觉得这其实是一个动物园，但动物不动。当然，鱼在动，像化了彩妆的鱼不知疲倦地游过来游过去，背景有灯。最后，他们来到昆虫标本室。

蝴蝶！大玻璃柜子里粘满了蝴蝶。大的像豆角叶子那样，小的像纽扣，有的蝴蝶翅膀上长出一对圆溜溜的眼睛。巴甘心里咚咚跳。讲解的女老师拿一根木棍，讲西双版纳小灰蝶，墨西哥君主斑蝶，凤眼蛱蝶……巴甘走出屋，靠在墙上。

蝴蝶什么时候到了这里？是因为青岛有海吗？赫热塔拉和奈曼塔拉已经好多年没有蝴蝶了。蝴蝶迷路了，它们飞到海边，往前飞不过去了，落在礁石上，像海礁开的花。

夏令营的人走出来，没人发现他。巴甘看见拿木棍的女老师。他走过去，鞠一躬。老师点头，看向这个戴着"哲里木盟"字样红帽的孩子。

巴甘把兜里的钱掏出来，有纸币和用手绢包的硬币，捧给她。"老师，求您一件事，请把它们放了吧！"

"什么？你是内蒙古的孩子吧？"

"放了吧！让它们飞回草原去。"

"放什么？"

第 6 课 | 巴甘的蝴蝶

这是一种巴甘从未见识过的生活。

巴甘对蝴蝶倾注了全部感情。

"捧"字表现了态度的虔诚。

"蝴蝶。"

女老师意外，笑了，看巴甘脸涨得通红，脸有怒意并有泪水，止笑，拉起他的手进屋，一言不发地看着他。

> 神态、动作描写，生动传神。

巴甘沉默了一阵儿，一股脑把话说了出来。妈妈被抬出去，外面下着雨，桑杰的奶奶用手捂着他的眼睛。每个人最终都要去一个地方吗？要变成一样东西吗？

女老师用手绢揩拭泪水。等巴甘说完，她从柜里拿出一个木盒："你叫什么名字？"

"巴甘。"

"这个送你。"女教师手里的水晶嵌着一只美丽的蝴蝶，紫色镶金纹，"是昆山紫凤蝶。"她把水晶蝶放进木盒给巴甘，眼睛红着，鼻尖也有点红。她说："美好的事物永远不会消失，今生是一样，来生还是一样。我们相信它，还要接受它。这是一只巴甘的蝴蝶。"

窗外人喊："巴甘，你在哪儿？车要开了……"

读与思

　　曾经，梁山伯与祝英台双双化蝶，在人世延续动人的爱情；这里，阿甘的母亲逝后化蝶，只是为了陪伴未成年的孤儿。作家朱成玉在《别踩疼了雪》一文中写道，妈妈去世前告诉女儿，春天她是阳光，夏天她是阴凉，秋天她是云彩，冬天她就会变成雪花。于是在南方生活的女儿特意央求爸爸带她到北方看雪，她要把雪花带回去，在妈妈的坟墓旁堆一个大大的雪人。这里，阿甘死咬老师，只因为她说蝴蝶是丑陋的蛹所变；在青岛，阿甘倾其所有，只希望生物馆放走所有的蝴蝶。《阿甘的蝴蝶》文字很优美，故事很感人，意蕴很丰富，耐心读一读，你会从中读出什么呢？

练一练

1. 本文为什么以"巴甘的蝴蝶"为题?

2. 作者将文章分为三个部分,你能围绕"蝴蝶"概括说说每个部分的主要内容吗?

3. 文中的"巴甘""文老师""青岛女老师",各是怎样的人?

4. 读下面的话,说说"女老师""巴甘"的神态反映了人物怎样的心理。

女老师意外,笑了,看巴甘脸涨得通红,脸有怒意并有泪水,止笑,拉起他的手进屋,一言不发地看着他。

5. 如果你是青岛生物馆的那位女老师,你会怎样开导巴甘?

第7课　墓碑后面的字

在额尔古纳的野地，我见到一块特殊的墓碑。

树叶散落乡路，被马车轧进泥里。枝条裸露着胳膊，如同雨水中赶路的筋疲力尽的女人。这儿的秋天比别处更疲惫。行路中，我被一丛野果吸引，橘色的颗粒一串串挂在树上，像用眼睛瞪人。我摘下一串看，正想能不能尝尝，脚下差点被绊倒。

——一块墓碑，埋在灌木和荒草间，后边是矮坟。

碑文写道：刘素莲之墓。

荒地之间，遇到坟茔，我想不应抽身而走，坐一会儿也好。这就像边地旅行，见对面来人打招呼一样。坐下，不经意间，看到水泥制的石碑后面还有一行字：

妈妈我想……

"想"字下面被土埋住，扒开土，是一个"你"字。这个字被埋在雨水冲下的土里。

我伸手摸了摸，字是用小学生的涂改液写的。

> 交代地点，直接入题。"特殊"一词设置悬念。
>
> 比喻、拟人、环境描写，渲染了荒凉、肃杀的气氛，烘托了"我"旅程的疲惫，奠定了伤感的基调，为下文做铺垫。
>
> 想啥？设置悬念。
>
> "我"在地上，"你"在土里，一语双关，让人内心深为震撼。

字大，歪歪扭扭，如奔跑、踉跄、摔倒。写字的人也像小学生。

我转过头看碑正面，死者生卒年代为1966—1995年，活了29岁。碑后写字的人应该是她的孩子。

这么一想，心里不平静，仿佛孩子的哀伤要由我来担当。她是怎么死的？她死的时候孩子多大？我想，她如果死于分娩，孩子也没什么大的悲伤，但不像这个人的情况。孩子分明和母亲度过了许多日夜。母亲故去，他在夜晚睡不着的时候，特别是黄昏——人在一天中情绪最脆弱的时候，常常想到母亲。

> 展开想象，心理描写。

儿时，妈妈不在身边，我特别害怕呼啸的风声，和树梢夹缠，一阵阵起伏不定；害怕不停歇的夜雨；害怕敲门声、狗吠和照明弹——那时老有人放照明弹。

现在这个孩子比我害怕和忧伤的事情会更多。我和母亲仍然生活在一起，他的母亲远行了。在节日，在有成绩和挨欺负的时候，或者不一定什么时候的时候，他都要想起母亲。我仿佛看到一双儿童的眼睛，泪水沿着眼眶蓄积，满满的，顺眼角流下。他独自一人来到这里，写下：

> 对比。设身处地，以己度人，在对比中突出孩子思母之甚。

——妈妈我想你。

"你"字被土埋住了，让人心惊。的确，"你"被黄土永远埋在这里，这是他家人早已知道却谁都无奈的事情。

我想的是，这几个字力量多么大，把一个人身上的劲儿都卸掉了，对我来说，仿佛如此。

大树在风中呼号，我走进邻近的村子，牧草一堆一堆金黄。农妇直起腰，看我进入哪一家投宿。我想的是，文字和周围的山川草木一样，因为真实而有力量。它们结结实实地钻进人的心里，做个窝待下去，像墓碑后面那几个字。

照应开头。

议论、抒情，深化主题。

读与思

墓碑，生活中并不鲜见：名人的墓碑、无名英雄纪念碑、普通人的墓碑……这是一个埋没在灌木和荒草间的矮坟，坟前碑上一行歪歪扭扭的字。但是，它引起了作者的注意，引起了作者的遐思。他推想主人的死因，他对比自己与对方的生活，他揣度留字人的忧、思、惧、苦。这是文字的魅力，五个字的背后隐藏着无尽的话语；这是文学的魅力，它让生硬的文字演绎了一段凄美的故事，让素不相识的两个人产生了共鸣；这更是一份至情，是作家的感同身受，是作家的悲天悯人。那么，你读到这墓碑后面的几个字时，又会怎么想呢？

练一练

1. 文章开头说"我见到一块特殊的墓碑"。结合全文看,墓碑的"特殊"体现在哪里?

_____
_____
_____
_____

2. 前面说墓碑后面的字"大,歪歪扭扭,如奔跑、踉跄、摔倒。写字的人也像小学生",后面却说,"这几个字力量多么大,把一个人身上的劲儿都卸掉了",是否矛盾?谈谈你的理解。

_____
_____
_____
_____

3. 如何理解文末这句话的含义?

文字和周围的山川草木一样,因为真实而有力量。它们结结实实地钻进人的心里,做个窝待下去,像墓碑后面那几个字。

_____
_____
_____
_____
_____

写作启示

　　本单元所选的文章都是情感类文章。他和她办完了离婚手续,可是他想弥补婚前的遗憾,给她买一枚琥珀发卡。正是这一决定,让他被埋在了瓦砾下面;正是这一灾难,让她回想起了他的好,认识到他是自己最重要的人。巴甘的母亲病了,去世前告诉巴甘,她将变成蝴蝶,每年夏天来看他。于是巴甘想念蝴蝶,猛追蝴蝶。为了捍卫心中蝴蝶的形象,他咬了老师;为了让被禁锢的蝴蝶飞回草原,他拿出所有的纸币和硬币。巴甘的蝴蝶,摄人心魄。荒草丛中一块碑,碑背后歪歪扭扭五个字——"妈妈我想你"。作者却体会到了打动人心的信息:这是一个失去了母亲的孩子,流着泪,独自一笔一画写下的。他曾经依傍着母亲幸福地度过了许多日夜,如今,他取得了成绩无人赞赏,挨了欺负无人诉苦,黄昏情绪低落时无人安慰。"感人心者,莫先乎情。""情者,文之经。"有真挚而独特的情感,作文便能引起共鸣,个性飞扬;平淡冷淡,矫揉造作,作文就会失去读者,失去生命力。

妙笔生花

　　一枚发卡,一只蝴蝶,一行文字,一姿一容总关情,亲情流淌在细节中。你能叙述和描写一个生活中的细节,来表现你体会到的浓浓亲情吗?题目自拟,不少于600字。

第三单元

世间百态

单元导读

　　社会是个大舞台，芸芸众生就是其中的演员。有的人一身正气，有的人卑鄙龌龊，有的人面慈心善，有的人油头滑脑，有的人温文尔雅，有的人凶神恶煞。有的人活得很精彩，有的人死得很窝囊。在鲍尔吉·原野笔下，有用筛子筛水的村民，有气急败坏的旅客，有少见多怪的银行职员，还有值得信赖的川西小贩，等等。生平多阅历，眼中见世相。各色人等，你见过哪些？

第 8 课　用筛子筛水

标题巧设悬念，引起读者的阅读兴趣。

　　我看见一个人猫腰在水库边上筛水，身后是绿中带黄的毛竹林，林梢的竹叶成团旋转，像钻进了一窝蛇。水比竹林的颜色绿，如一大块切不开的翡翠扣在地上。这地方属余杭，越过一座山就到了安吉。

用比喻写景，形象生动。

　　银锭形的水库包住湖心的山。水面无一丝波纹，好像自古代起就没有波纹，鸟儿都不敢到水面落一下。

　　筛水的人站立在水边的大石上，手端一米多宽的大竹笸箩在水里筛。笸箩由竹篾或木篾编造，边沿包一个自行车旧轮胎，他可能在洗菜或洗草药。我走一圈儿回来，见笸箩里空无一物。他也可能在淘金吧。淘金千淘百漉最后可能淘到一坨二斤重的金疙瘩。然而，淘金都在河滩淘，水库里有金子吗？

读者和作者一样，疑窦顿生。

　　我走到跟前观看。这个人身穿印英文的 T 恤衫，脚踩拖鞋。他用笸箩舀水，筛筛，水漏走；再舀水筛之。我忍不住问："您筛啥呢？"他说：

外貌、动作、语言描写，突出筛水人的怪异。

"筛筛水。"啊？我差点被吓跑，筛筛水！我问筛多少了，他转身看水面，说："不到十分之一。"

"筛完得多长时间？"我问。

他边筛边答："两年吧。"

我想乐，没敢。有一位中国艺术家在英国某地路边拣了一块石子。他揣着这块石子徒步行走115天，环绕英伦走回来，把石子放在原来的地方。记者问他这么做是为了什么，他答："让石子看看风景。"记者问："还有吗？"艺术家答："让石子回到原地。"

筛水比带石子旅行更深奥并东方。看穿戴，筛水的人不像行为艺术家。其实我有许多问题想问他。你是吃饱撑的吗？这是第一个问题，可以不问。你是精神病患者吗？第二个问题也可以不问。你失恋了吗？也不能问。问啥呢？

我说："我帮你筛一会儿。"

他乐了，说："好，我抽支烟。"

我端起笸箩筛水，没等筛两下水漏没了。我把笸箩还给他。

"你筛水干吗？"我问。

他用白眼翻我一下，好像答案写在他的眼白里。

嗯，他是问题二，精神病。

古代所谓愚公移山的故事在这个柳暗花明的水库重新上演。愚公一锹一镐把山搞碎搬走，此人以笸箩要把水库的水筛一遍。他有五十岁了，能把水

真实心理，引起下文。

艺术家的思维与众不同。

不仅主人公是中国人，而且发生在中国，所以更"东方"，还看不出什么名堂，所以更"深奥"。

神态描写。筛水人对"我"的愚钝不屑一顾，为下文做铺垫。

筛完吗?这样的问题不能问,像瞧不起人。我再次打量此人,他头发很短,少许白。面黑少肉,身架如农民。我不懂英文,不知他T恤上的英文印着什么。英文也许是:我是不像艺术家的大艺术家。

"你是这个村的人吗?"我问。

"上个村的。"他答。

他志向高远,不愿与平凡人交谈。我与他惜别,在心里祝他早日把水筛完并治好精神病。我看他的眼神、胳膊(精神病患者的胳膊伸不直),他比较正常。是不是有人拿钱让他在这儿筛水呢?那么,拿钱的那个人有精神病吗?胳膊直吗?我年纪越大越感到凡事不可妄评,遇到一个奇怪的人,只能证明你见识少,不能证明其他。

我回村里,路遇桶装水厂的老板,他是杭州人,正坐在石头上长篇大论训斥他的小黄狗。小狗先坐着,后来被训得躺在地上闭上眼睛。

我问老板:"水库里有人筛水是怎么回事?"他答:"筛个屁,水是筛的吗?他做药引子。"

"药引子?不能用一水库的水做药引子吧,那得熬多少药啊?全浙江的人吃也吃不完。"

他说:"那个笸箩是黄杨树皮做的。他这个人有肩周炎,中医说拿黄杨树皮做个笸箩筛水九千九百九十九次,再把树皮煎水喝就好了。他做了个黄杨树皮的笸箩搞这个,搞一个月了。"

我明白了,中医的部署。

进一步写容貌、衣着,照应第四段。

不由得让人莞尔。

主人高谈阔论,小狗闭目养神,形象滑稽,富有情趣。

过了几个月,我遇见一位中医,就此事向他请教。中医笑了,说:"这里边有一个关子。你非杏林之人,本不该对你说,说了也没啥事。古代医疗资源缺乏,好多医方是谋略。医家本来就跟兵家相通。这个筛水或煎水只是个幌子,黄杨木也是个幌子。大夫在用动功治他的肩周炎,明白不?筛不了九千遍,病就好了,架不住肩膀老动,筋拨开了。之后用黄杨木煎水喝,那是治好了之后的事了。这些事关键在于你信还是不信,人是不是老实。所以医家常说,傻子去病快,治聪明人的病反而慢,信则灵嘛。"

> 逐层深入,环环相扣,终于彻底解开悬念。

读与思

如果你看到一个人,怀揣一块石子,周游百日,仅为了让石子看看风景,你觉得傻吗?如果你看到一个人,手端一米多宽的大竹笸箩,成天在水库筛水,你觉得傻吗?愚公也许不觉得傻,因为他当年曾"率子孙荷担者三夫"用箕畚"叩石垦壤",挖走太行、王屋二山;薛宝钗也不会觉得傻,因为她曾服用过用白牡丹花、白荷花、白芙蓉花、白梅花花蕊各十二两与雨水节令的雨、白露节令的露、霜降节令的霜、小雪节令的雪各十二钱等等制作的"冷香丸"。鲍尔吉·原野最终也没觉得傻。这是为什么呢?

练一练

1. 作者没有先写医家理论，再写筛水，而是层层铺垫着写。试举一例进行说明，并说说这样写有何妙处。

   _____
   _____
   _____

2. 文中穿插写中国艺术家揣石子游英伦，有何用意？

   _____
   _____
   _____

3. 如何理解桶装水厂老板下面的这句话？
   筛个屁，水是筛的吗？他做药引子。

   _____
   _____
   _____

4. 你对用筛子筛水的行为怎么看？

   _____
   _____
   _____
   _____
   _____

第9课　去加格达奇的火车

我在沈阳北站等候进站，去加格达奇。

要检票了，排队的人开始膨胀。人往前凑，秩序有点乱。

这时，一人走到检票口，说："让我先上车。"别人说："排队去。"这人背一个双肩包，四十多岁，头发全白了，神色诚恳。他说："我时间不够了。"

别人说："谁时间够？都一样。"

这个人说："我时间不多了，省一点是一点。"他掏出一个病历本，打开给人看，说他是癌症患者。

人们沉默了，庄重地给他让出一个位置。

他挤出一点笑容，说谢谢。

广播说前往加格达奇的列车晚点三十分钟。倒霉的火车把癌症患者的时间又侵占三十分钟。

这人上身穿一件蓝衬衣，他目光遥远，无奈和渴求的情绪在脸上奔走，像河上无人掌舵的船，做不了自己的主了。

开始检票。人群像渔网倾泻的鱼，众人没费劲

"膨胀"一词很生动，比喻开始检票后人流急剧增加。

外貌、神态、语言描写。年龄与发色不相称，为下文埋下伏笔。

神态描写，"庄重"背后是尊重、同情。

外貌、神态描写，比喻手法，表现了他渴望活出生命最后的精彩，但却十分无助的心理。

已被推到站台上。

我在九车厢。上车后发现对面刚巧坐着那个患者。

他靠窗，眼看窗外，显然在想别的事。过了一会儿，他从包里拿出一个细长的塑料盒，打开，里边摆着十几种药。他每样挑出两或三片吃下，用泡着不知什么药材的蓝塑料杯里的水把药冲下。

细节描写。

"没用。"他对我说，仿佛看到我在观察他吃药。他指着药："都很贵，但吃了没用。"

"有用。"我安慰他。

"也许吧。"他拧上塑料杯的盖，"这些药，核成钱的话，是我过去没舍得实现的愿望的多少倍。"他指着药："买一副蝴蝶牌乒乓球拍，一千多，没舍得。去丽江，没舍得。上五星级宾馆开一个生日派对，没舍得。给穷孩子买书包更没舍得。现在舍得了，吃药。"

满满的惆怅、失落、追悔。

他露出自嘲的笑容："癌症患者有舍不得钱吃药的吗？没有。"

我没敢陪他笑。他可以轻蔑这些药，但我不能，不知道是啥药。

"你看什么书？"他问我。

我吓一跳，因为我正在心里揣摩他还能活多长时间，我不小心说出"半年"。

"半年？"他指着书的封面说，"这不是《卡拉马佐夫兄弟》吗？"

"对，"我点头，"这是陀思妥耶夫斯基的长篇小说《卡拉马佐夫兄弟》，上册。"

"陀思妥……耶夫……然后还有斯基，这名字太长，说一个名字就要用这么多时间，哪有时间啊？"

时间。他脑子想的都是时间。

我知道这本书。他说："这是陀什么妥最有名的书，被西方列为人类最重要的一百本书之一，但我没时间读啦。你能用二十分钟给我介绍一下这本书吗？"

我想起书中的人物——阿辽沙、佐西马长老、德米特里大哥、卡嘉、格鲁申卡，以及他们错综复杂的关系。我说我不能，它很复杂。

"这本书说什么？"

"人的信仰、罪恶、诱惑和纯洁，更多的是苦难的俄罗斯。写人心深处最隐秘的东西。"

他摆手："没用。说这个有什么用？活着已经不错了，说别的没用。"

一个被判"死刑"的人，满脑子只有时间和活着。

"啤酒、白酒、香肠、烧鸡、盒饭啊……"推车卖食品的人过来了。

"我买一个盒饭。"他说。

"把盒饭给我。"过道对面一个壮汉说。

卖盒饭的停下小推车："就剩一个盒饭了，你们俩谁要？"

我的邻居说："我先要的盒饭。"

壮汉站起身，把盒饭拿走，说："别跟我扯这

·48·

个，你还想抢啊？"

他蒙了："你这不是不讲理吗？"

壮汉不知哪儿来的火，"啪"地把盒饭摔桌子上，脸紫红："讲什么理？检票时候你就说时间不够了，占大伙便宜。这火车定点开车，加塞有什么用？你时间比别人多了吗？" _{动作、神态、语言描写。}

"你……"我对面的患者站起来，脸白了，说不出话，他没想到对方拿他加塞来说事。他哆嗦着说："盒饭归你。"

"什么归你不归你？"壮汉把盒饭又摔了一下。他身体约有一百公斤，脸上尽是筋包。

我说："都消消气。"

"驴。"他低头说。

壮汉耳朵真尖，他腾地站起来："你说谁驴？"说着把盒饭摔过来，但盒饭摔在我左边穿毛衣的乘客身上。

这乘客用手抹脸上的米粒和粉条，手指胖子："你他妈找死啊？"一通大骂。壮汉很奇怪地不敢出声，颓坐于座。 _{怒不可遏却不得不遏，因为自己理亏而且对方更强势。}

骂他的乘客很魁梧，年轻，表情里带着冷静的凶狠，好像随时可以捏死壮汉。

忽然，壮汉从座上出溜下去，脸对着地板。这个情景挺滑稽，像装的。接着，他开始呕吐，吐出许多白沫。

"找医生！"不知谁喊了一声。乘务员跑过来，然后广播找医生。一帮人把壮汉抬到了卧铺车厢，才几分钟，他下垂的双手已成紫黑色。

痛骂壮汉的乘客继续在衣服里、肚子上挑粉条、芹菜和米粒，脸上仍有怒气。"时间不够"的人木然看着窗外。

这场突如其来的争斗结束了，没人说话，车轮咣当咣当响。

车停在了一个什么站，站台的灯已经亮了。

火车再次开动时，一个人走过来几乎兴奋地说："刚才那个胖子死了，脑溢血。"

"啊？！"大伙吃惊。

"真的，"这人指窗外，"抬下去了。"

我身边的乘客愣了一下，拎起包离开了座位。癌症患者惊讶地问我："他死了吗？"

我说："抬下去了。"

他迷惑不解："死了？一点预兆都没有啊。"他拿出另一个药盒，拣几片药丢嘴里，喝水冲下去。又问："到底怎么回事？"

车轮咣当咣当，没人回答他，好像在想各自手里的时间。

神态、动作描写。离开应是怕人追责。

活出精彩，谁都不知道灾难和明天哪一个先来，发人深省。

读与思

生活中有很多不如意。面对不如意，有人选择一笑置之，有人选择顽强自救，有人选择一了百了……在去往加格达奇的火车上，"我"见到了一桩由盒饭引发的悲剧。故事让我们见识了形形色色的人，也让我们更深刻地理解生命。你读完有怎样的收获呢？

练一练

1. 文中写了癌症患者的两次笑容，其内涵各是什么？

①他挤出一点笑容，说谢谢。

②他露出自嘲的笑容："癌症患者有舍不得钱吃药的吗？没有。"

_____

_____

2. 作者为什么花较大篇幅写"我"与癌症患者谈论《卡拉马佐夫兄弟》的情节？

_____

_____

3. 如果可能，你想对胖子、穿毛衣的乘客、癌症患者各说些什么？

_____

_____

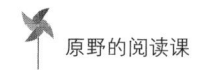

第 10 课　寻找鲍尔吉

鲍尔吉是我的蒙古姓氏，在《元朝秘史》的汉译本中被写作孛儿只斤。这个姓我平常不用，因为在汉人居多数的城市，使用这么复杂的姓要用大量的时间去解释，累。

发表作品时，我偶尔标上姓，使之成为"鲍尔吉·原野"，有人说这叫"蒙汉合璧"。在作品上注姓，表示不去掠其"原野"之美，其他深意是没有的。

但这也遇到过麻烦。

我的一首名叫《乡音》的诗被国内某家用英文印行的刊物选中，给了一点稿费。事先我不知这是稿费，这是一份中国银行的通知，告知我凭此去一家较远的分理处取钱。

我知道中国银行是一家与外币有涉的金融机构，美元什么的。我并未兴奋，没干过和美元有关的事，怎能和它相亲呢？

到了地方，拿凭证一看是稿费六元。支这些稿

> 介绍姓氏并说明姓氏常需要解释，为下文做铺垫。

费约需十来道手续。如先要买一个铜牌再去换什么等等，每道手续都依次排队。在这些排队的人中，大多是企业和个体户提备用金的，六元钱肯定是最少的数目。

当那位小姐把铜牌清脆地掷来时，我见她掩口一笑。我猜想，咸亨酒店里的人笑孔乙己，大约就是这样的笑法。

一"掷"一"笑"，小姐"掩"不住的鄙夷不屑如在眼前，生动描写中又不露声色地反映了作者的思想感情。

类比。不同的场景，一样的性质（笑人迂腐），丰富了作品的内涵。

临了，到了取款的时候。

"那个人是谁？"我急忙回头瞅，不知付款小姐在说什么。

她提高了声音："鲍尔吉是谁？"

"鲍尔吉是我呀。"我和蔼地回答。小姐和我隔着钢管焊的为了防止抢钱的栅栏，而且大理石的台面也有一米宽。

"那原野又是谁？"她用圆珠笔杆敲着台面，案例出现了。

"我就是原野。"事情麻烦了。

"你，到底叫什么？"她镇定质问。

排队的人，目光已经转向我。我不是电影演员，很难在这么多人的逼视下保持气定神闲。

我虚弱地解释，原野是我的名字，而鲍尔吉……等等，但没提《元朝秘史》与孛儿只斤。

她笑了，向同事问："你听说有姓鲍尔吉的吗？"她那同事轻蔑地摇摇头。她又问栅栏外排队的人："你们听说有姓鲍尔吉的吗？"她那用化妆品抹得很好看的脸上,已经露出戳穿骗局后的喜悦。

我有些被激怒了,但念她无知,忍住。子曰:"不知者不愠。"我告诉她:"我是蒙古族人,就姓这个姓。"

她的同事告诫我:"就算你姓复姓,顶多姓到欧阳和诸葛这种程度,鲍尔吉?哼。"

这一位并不无知,并且戴一条蓝珠石项链。她知道复姓,但竟提到"姓到"这样的限制。如果我是泰戈尔,那么"罗宾德拉纳特"这个姓定会使她们目眦尽裂了。

> 对她进行挖苦:"姓"竟然有程度之别,还有极限!

我不想当着那么多人和她们争辩或进行更可笑的学术性讨论,为了六元钱不值得。我仍耐心解释。

"在欧阳之外,不是还有罗纳德·里根吗?米哈依尔·戈尔巴乔夫。"

众人笑了,我知道他们在嘲笑我卖弄学问。有人说"他肯定念过大学"。而银行小姐向我投来明确的侮慢的眼神。

原来中国人不配姓复杂的姓氏。这与阿Q想恢复自己的赵姓而不可得一样。

> 类比,暗讽这些人如赵老太爷一样蛮横。

"你说怎么办呢?"我尽量悠闲地问那小姐。

"你要证明鲍尔吉是你。"她手里拿着我的工作证和身份证,"但这已经不可能了,这上面写的都是原野。所以,你要把鲍尔吉找来,和他一同领款。"

> 照应上文"我不是电影演员,很难在这么多人的逼视下保持气定神闲",表明"我"内心实在愤怒。

为了六元钱去寻找鲍尔吉。我想起一句歌词:"为一块牛排出卖巴黎。"

鲍尔吉，你在哪里？我怅然离开取款台，在心底呼唤。

对任何人来说，为了六元钱罹此磨难，就应该罢手了。但我如看电影一样，想知道此事是怎样一个结局。

我站在门口观察。

我发现一个面相善良的人，上前叙说我的处境，简言之，请他充任鲍尔吉。

"这怎么行？"他瞪着眼睛，原来善良的人瞪起眼睛也不善良。我忽悟，这种作弊的事不能选择好人。

我又找到了一个衣冠不整如无赖样的人，二十多岁。谈过之后，他狡猾地问："这事好办，你给多少钱？"

多少钱？这事不能超过六元钱。我告诉他三元钱。

"三元？"他简直想咬我一口，"你那笔款多少钱？"

"六元。"我给他看提款单。

他笑着看我的脸，那目光在我眼睛鼻子之间滑行。用目光蹂躏别人就是这个样子。他提一提后裤腰，问："你是知识分子吗？"在"知识分子"这个词里，他的语调充满了恶毒的揶揄。

"我是你爹。"我告诉他。

他要动手，这从他肩上可以看出来。《武当拳

《为一块牛排出卖巴黎》是巴黎公社时期的一首著名歌曲。歌词中激烈讽刺了富翁们不顾巴黎被普军围城而醉生梦死的腐败行为。作者引用这句歌词，具有调侃意味。

神态、动作、语言描写。人物形象栩栩如生。

法》曰:"挥拳者其肩先动。"我上前掐住他的两腮,酸痛是难免的了。我把他的嘴捏成喇叭花一般,里边洞黑黄牙森然。如果换了别人,必朝里边吐一口唾沫。但我没这样,不文明。

我一推,他踉跄而去。

他是那种在社会底层游荡的人。我后悔了,怎么能找这样的人担任鲍尔吉呢?凡吾鲍尔吉氏,乃贵族血统,铁木真即是此氏中人,当然又是此氏的先祖。

最次也要找一个电大毕业的,这是我对新鲍尔吉的要求。

不好找,我只得打电话给在附近的一位朋友,请他襄助。他叫刘红草,在某机关当科长。

我道出原委,他摇头。"六元钱,嗨。我给你十元,走吧!"

我表示此事如何如何,他迟疑地俯就了。

中国银行分理处,人已稀少。我们来到付款台。"他就是鲍尔吉。"

我骄矜地向小姐介绍,像推荐一件珍宝。

"是,就是。"刘红草点头。

"工作证。"小姐扔一句。

刘红草假装找工作证。"哎呀,忘带了。"

"回去取。"小姐连头都不抬了。

"嗨,六元钱。"我恳求她,"开开面吧。"

小姐有点通融的意思:"拿名章也行。"

> 这是从无赖身上吸取的教训,也照应了上文有人说"我""肯定念过大学"。

"快拿名章。"我指示刘红草。他又上下假装找。

"小姐,你看,没带名章。"

小姐坚拒。

我问:"那一会儿拿来名章,他还用来吗?"

"随便。"

出门,我和刘红草握别,感谢大力支持。我独自找一个刻章的老头。

"鲍尔吉是啥玩意儿?"刻章的老头茫然发问。

"什么啥玩意儿,"我恶狠狠地说,"这是姓!"

"姓?"老头更茫然,"我刻了一辈子名章……"

又来了,我只好安抚:"刻吧,刻吧……"

刻好了,牛角名章,十元。

"十元?我最多出六元。"

"八元。"

"六元。"

"七元,少一分不行。"

"七元钱就赔了。"

"赔了?"老头从老花镜上方看我,"什么赔了?"

我的事情无人可以解释。我拿着名章取出了按惯例应该在邮局取来的稿费。

我看到结局了。主要的,当我手携着"鲍尔吉"的名章时,便不惮惧来自各方的质询了,可以雄视四方。

再次遭遇姓氏麻烦。

拿着名章便可"雄视四方",诙谐中透着无奈。

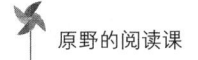

读与思

"你有《时间简史》吗?""神经病!我有时间也不会去捡屎啊!"鸡同鸭讲就是这个样子。蒙古族人鲍尔吉·原野和汉族银行职员之间发生了严重的沟通障碍,演绎了一段令人哭笑不得的故事。不同年龄、不同学历、不同阅历的人之间,也会沟通困难;不同语言、不同国家的人之间,沟通就更为麻烦。你在读了这篇文章之后,莞尔一笑之余,是否懂得了沟通和融通?

练一练

1. 为了领到六元钱稿费,"我"经历了哪些周折?

2. 本文生动地描写了"我"在与银行小姐交涉过程中的情感变化,请在文中找出关键词句,用波浪线画出来,梳理变化的过程。

3. 请赏析下面这段描写。

她那用化妆品抹得好看的脸上,已经露出戳穿骗局后的喜悦。

第11课　信任开花

今年夏天，我在川西的康定城游历，这里是"康定溜溜的城呀"的属地。街上倒没有什么好看。这里时兴拆旧建筑盖新楼，缺少"溜溜"之时的风情，而店铺有好玩的东西。

一是康巴汉子的礼帽，两头掀起，扣在随便什么男人的脑袋上都有几分像英雄。问好价，我付钱，又给老板十元，请他帮我寄给我的外甥。

小老板有点窘迫，或者说，这种信任让他有一些扭捏，如同考验。边上几个人起哄，说："不要把钱私吞了。"他恼火，瞪这些人，又对我笑，说："你相信我？"

我用不怎么清澈的眼睛看他清澈的眼睛，说："怎么会不相信？"

他脸红了，四外看，好像成了人物。接着，抓过一张纸，要把自己的铺号、姓名和身份证号码留给我。我说不用，如果十元邮资不够，请他垫上。

他大声说："会，我一定会。"

> 神态、动作、语言描写，生动形象。可见当时人与人缺乏信任。

> "脸红""大声"和动作描写，反映了小老板的善良、真诚。

说着,我和山西作家吕新离开这里,继续看街景。可是我们迷路了,又转到这家店铺门口。小老板见我们,跑出门,说:"我马上就去邮局,刚才有事耽搁了,不好意思。"

我们说:"不是这个意思,我们转回来了。"

我们转到另一条街,见小老板趴在一个案子上写什么,边上放着绛红的呢帽。他见到我们更为吃惊,说:"前边就是邮局,你写的字我有些不认识,请人念一遍,抄下。"

我和吕新颇不自在,想说"我们并没有跟踪你、监视你,巧遇而已",但说不出口。吕新小声对我说:"咱俩看上去很阴险。"

过了十多天,我继续在川西游历,接到外甥电话,他收到了帽子。接电话时,脑海浮现小老板的脸,十分真切。

在康定城,我还买了一尊木雕,一只玛瑙嘴的大烟枪,准备分送不同的人。我把钱、邮资和地址交给各位老板,包括一位面相诡异的老板,请他们帮我寄出。后来,东西都到了。

回想起来,这三位老板当时都显惊讶,或者说对别人的信任有一些意外。

我心里有数。做这件事并不是什么关于人性的试验,我的钱也没多到率意而为的程度。我只是觉得这些东西一定会寄达目的地。

信任一个人,其实没什么理由,不需要和所谓

从不明真相者的角度看,"我俩"确实"阴险"。

"窘迫""恼火""脸红""吃惊",确实是一个真诚的小伙子。

本段突出"面相诡异",为倒数第三段的议论做铺垫。

概述类似经历。

陌生人认识多久，也不需要研究他们的长相、学历和口音。

议论，点睛之笔。

我是这笔买卖的受惠者，买了东西又有人帮你寄走。而他们——帮我寄东西的老板，对我心存好感，就像我给他们每人胸前戴了一朵大红花。

点题。

信任一个人，就好像是你突然发现了一个好人，而他反过来觉得你好。

信任是开启心扉的钥匙，是架通心灵的桥梁。

读与思

如今，异地购物，快递回家，实在是寻常而又寻常。可是，多年以前，在一个寄东西要特意跑去邮局的边远小城，你还会信任一个并非品牌店的小贩摊主吗？作者是信了，而且不止相信一个，不止相信一次，"就像我给他们每人胸前戴了一朵大红花"。有人说，信任别人的善良是自己善良的明证。冯骥才在《珍珠鸟》中说："信赖，往往创造出美好的境界。"读完本文，你对"信任"又有怎样的认识？

练一练

1. 信任能"开花"吗？你如何理解标题的含义？

_____

_____

2. 文中还写了在康定城请另外两位老板帮"我"寄东西的事，这部分内容是否多余？为什么？

_____

_____

_____

第12课　雪地上的羽毛

去年冬天，我起早遇上一场大雪。街上没人，雪已经停了。我像狗一样在无痕的雪地留下脚印，还真舍不得踩这么细腻、柔情的雪。很想雇个人背着我走，但背我的人也要留下脚印。就这么蹚吧，暴殄天物了。

我小心走着，准备上大道跑步，见天上打旋落下一样东西，似落非落，像不太愿意落。啥东西？雪后无风，所以此物才慢悠悠落下来。我希望是钱，一百元、五十元都行，十元也行，五元就不要落了。但颜色不对，不红不绿不灰，怎么会是钱呢？这件东西在我的仰视下几乎贴着我鼻尖落下，躺在雪地上。我定睛看，是一根白色的鸽子羽毛。羽毛没有雪白的，算乳白吧。

早上，一根鸽子的羽毛拦住你，静卧雪上，这简直是最好的礼物，比钱好。我捡起羽毛，看上面有无玄机，比如几个模模糊糊的字迹：原野快要发财了，但没有，鸽子不会写字。我突然想起羽毛的

此物亦有情。

设置了悬念。

主人，它应是一只白鸽，现在何处？天上空空如也。泰戈尔说得真对，飞过天空的鸟不会留下痕迹，留一泡粪也会落在地上，而不能留在空中。鸽子飞走了，那么，鸽子送我这根羽毛干什么？我头发越发少了，但不宜贴鸽子毛充数。即使我把这根羽毛黏在胳膊上，也没人相信我是鸽子。

泰戈尔原诗说："天空没有留下翅膀的痕迹，但我已经飞过。"这里活用其诗，更显风趣。

我拿着这根羽毛走路，既然捡到了一样东西，我希望继续捡到其他东西，比如一封待寄的信。把羽毛黏在信上，表示十万火急，但大清早捡不到信。事实上，我在中午和晚上也从来没捡到过信，信在邮电局的信筒里。我突然想到，羽毛不是来找我，它找的是白雪。

我把羽毛放在雪上，白的羽毛白的雪，很圣洁。如果带照相机就好了，拍下来挺美。雪地的阴影微微有一点蓝，羽毛的竖纹衬托在雪的颗粒中，显出优雅。如果这是灰鸽子的羽毛，跟雪就不怎么默契了。白鸽子很懂事，而且懂美术，啄一根羽毛降落之，装点美景。我觉得这个鸽子挺讲义气。

拟人手法，饱含喜爱、赞赏之情。

我正看——新浪微博把我归纳到"吃饱没事"的作家行列，而其他作家是怀疑型、半怀疑型和诗意型。归纳得真对，只有吃饱没事的人才盯着雪地的鸽子毛出神。身旁一人问我："看啥呢？"

"吃饱没事"其实是褒奖作者善于观察，善于发现。

我没法回答看啥，便胡乱指指羽毛。

这人说："你把鸽子埋雪里啦？"

我说："没有。"

敢情这是凶手在凶杀现场逗留。

· 63 ·

"那你看羽毛干啥?"他又问。

我反问他:"不看羽毛我看啥?看你呀?"我直视他,他上下看我,我俩对视。他叹口气走了。

我们俩这么说话都不讲理,因为这个事里面没理,只有一根鸽子羽毛。我撤退,拜拜羽毛。我在街口拐弯,无意回头看。你猜怎么了?那个人正撅着屁股刨雪,他相信羽毛下面的雪里一定有一只等他红烧的鸽子。

> 运用设问和动作描写,饶有趣味地写出"那人"贪婪的丑态,流露出作者的嘲弄和讥诮。

"嗨——"我一喊,他撒腿跑了,骂我:"你是个大骗子!"

是,我在心里说,我是骗子。如今你不能在大街上盯着一件近乎虚无的东西看,你看了而别人没看出其中的利益,你就骗了他。

我开始跑步,希望天上再落下一根鸽子的羽毛,或落下两根、三根羽毛,我把这事看得比吃饭喝粥都重要。

> 照应第三段"这简直是最好的礼物,比钱好",耐人寻味。

读与思

天上落下一根羽毛,你能看出啥?想到啥?事吗?情吗?理吗?多数人会觉得羽毛就是羽毛,啥事都没有;也有人竟然联想到鸽子,联想到一顿美味佳肴。"'吃饱没事'的作家"鲍尔吉·原野,看到的却是一只鸽子的"懂事""优雅""富有艺术气质"和"讲义气",当然,他也看到了人心。一根羽毛,竟写成一篇文章,并且饶有理趣,你是否学到了作家"将平常事写出不平常"的功夫?

练一练

1. 本文曾拟过以下一些标题，你认为哪个最好？为什么？如果你有更好的标题，也请说明理由。

   ①雪地上的羽毛　②残雪留痕那年不见　③天上掉羽毛　④一根羽毛拦住你　⑤羽毛优雅

2. 文章第一段中"暴殄天物"是什么意思？

3. 为什么身旁那人骂"我""是个大骗子"？

4. 文末作者为什么希望天上再落下羽毛，甚至"把这事看得比吃饭喝粥都重要"？

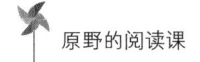

写作启示

本单元所选的文章，记录了生活中的琐事、怪事、可笑事、可悲事、哭笑不得的事，却都能给人以启迪，让人读出生活的真谛。一次见人筛水，会懂得"傻子去病快，聪明人反而去病慢"的道理；一趟加格达奇之旅，会让人思考起"各自手里的时间"；一次去银行取稿费，会深切地领悟到人与人之间会产生严重的沟通障碍；一次康定购物，会认识到"信任与人的长相、学历和口音无关"；一根雪地上的羽毛，会让人发现掉羽毛竟然"比吃饭喝粥都重要"。跟鲍尔吉•原野一样思考生活，"没事找事"，你笔下的文章也一定饶有趣味，富有哲理。

妙笔生花

生活中，每天都有各种各样的事情发生。你有没有思考故事背后隐藏的道理？如果你所叙的事，不但"有意思"，而且"有意义"，你的作文就实现了华丽转身，上了新台阶。你能不能试着写一篇这样的文章呢？题目自拟，不少于600字。

第四单元

人生感悟

单元导读

　　如果有个小朋友对你喊："看，小河在水里边！"你会嘲笑他幼稚吗？如果有人为陷入洪涝困境的人募集财物，你会善良地加入捐助的行列吗？如果你站在壮美的山河面前，你会感叹造物主的鬼斧神工而选择谦卑地面对自然吗？如果你长得并不漂亮，你会为"她漂亮，为什么我不漂亮"而烦恼、苦闷，竟忘掉了你已经拥有的健康身体、优越家境吗？如果你捧起一部名著，你会为其中的"悲惨世界"而流下"高贵"的泪水吗？读本单元的作品，也许你会与作者产生强烈共鸣，也许你多年的困惑将迎刃而解，也许你会想起更多的问题……

第13课　积攒快乐

时间的不可逆性告诉我们一个事实：快乐与不快乐都是一天。这一天的日历被时光之手没收了，像电影院的检票员一样，永不归还。因此，无论明日后日多么快乐，都冲销不掉逝去的那一天。

> 比喻、拟人，形象地写出了"时光不可逆"。

而在所谓快乐中，有人只乐一会儿，有人乐一小时，有人乐一天之后惆怅半个月。如果把一生的快乐加起来计算人生，有人只活了十年，有人活了二三十年，有人只活了三两年，也有完全不快乐的人，郁郁过了一生。

除去值得人们同情并值得帮助的苦之外——这些苦包括疾病、贫困、受到不公平待遇——人们常常无端地不快乐或自找烦恼。

快乐都是相似的，而不快各有各的不快。人是有思想的动物，大脑一转动，烦恼便产生。许多人的脑子被几笔账绊住了，无法厘清。如：他有钱，我为什么没钱？她漂亮，我为什么不漂亮？这样的单子可以长长拉下去，绕地球一周。他们在毫无意

> 化用俄国作家列夫·托尔斯泰《安娜·卡列尼娜》第一章第一句话："幸福的家庭都是相似的，不幸的家庭各有各的不幸。"

义的比较中丢弃了快乐。有人说,快乐是一只小鸟,它愿意落在轻松的枝头上。脑子一转,小鸟像踩在滑轮上,飞了。还有一种人,忘记了当下已经拥有的健康、地位、钱财和安逸,钻进一线不通的牛角尖,妄想找到新快乐,结果该快乐的理由渐淡,手里只剩下一个烦恼。

最主要的,人们不习惯用计时或计日的方式充填自己的生活。没有凯迪拉克,就别去揣摩开凯迪拉克的快乐,不妨去体味风清月白、胸无宿虑的快乐。追求众乐而不得,独乐也不错。其实快乐的价格并不高,是自己定的目标高。既然"清风朗月不要一钱买",何苦不接纳它,并享受它。

如果困难当前,苦是一种无奈的话,有些人的烦恼——或多数人的烦恼,完全是一种无妄之恼。譬如,在大巴上因为言语打起来,在邮局因为服务打起来,这个冲突的单子拉出来也可以绕地球一圈。打架的人都认为正义在手,其实这类事只与修养有关,与性格有关,与正义八竿子搭不上一点关系。打不打架是一回事,而打了架满腹怒气是另一回事。人说,一个人不能两次跨入同一条河流。同理,一个人不能同时恼怒与快乐。沾上恼怒就是吃饺子、听戏、让人用轿抬着都消不了气,成本太高。

怒这种东西是不能招惹的一件事。不光不能招别人怒,更不能招自己怒。易怒之人活得很苦啊,时时刀山,处处火海。虽然仪态凛然、空手夺刃,

先用名言类比,再举事例分析,论证"一个人不能同时恼怒与快乐"。

但活得还是不舒服。

一生无怒的人恐太窝囊。怒应生于大节大义，一辈子摊不上几次。如果有人一天发好几回怒，不可能为国为民，最好离他远一点。

运用比喻、对偶的修辞手法，生动形象地写出易怒之人的折腾之"苦"。句式整散结合，有音乐美。

读与思

生活中，总有人闷闷不乐，有的偶尔乐一天然后惆怅半个月，乃至完全不快乐，郁郁过一生。他们或为有没有钱、漂不漂亮，或为在大巴车上言语不合，或为邮局服务不到位……作者列举生活中的种种现象，希望人们别做"无妄之恼"，远离"一天发好几回怒"的人，积攒快乐，充填自己的生活。读这样的文章，你是否如醍醐灌顶，从而刷新了自己的"苦乐观"？

练一练

1. 本文的写作意图是什么？

2. 作者说"快乐都是相似的，而不快各有各的不快"。根据作者的意思，人们"不快乐或自找烦恼"有哪几种情形？

3. 如何理解下面句子的含义？

快乐是一只小鸟，它愿意落在轻松的枝头上。脑子一转，小鸟像踩在滑轮上，飞了。

第 14 课　**谦卑的力量**

先民造出庙宇叩拜的理由之一，在于表达自己对造物主的谦卑。无论造物主是上帝，抑或就是大自然本身。他们谦卑，并非真的见过上帝，而是生活中的种种奇迹——譬如土地上生长庄稼，清澈的河水可供饮用，孩子们健康成长——在表明，人的存在并不仅由人的力量完成。

于是他们谦卑，伏在地上求得神的喜欢，使庄稼明年继续生长，让孩子们的孩子依然健康。

如果不讨论被膜拜的一方，即神，是否真的存在，我们所感动的，是先民对待周遭的姿态：虔诚、恭顺以及明智的位置选择。

谦卑正是一种姿态。

如果认识到人在自然环境中是一员而非一霸，认识到自己在知识的疆域中的距离，认识到气象蔼然是别人最喜欢的一张名片，那就会选择谦卑。

谦卑是找准了自己的位置。一个人在时代、事业与家庭中都有一个最合适的位置。聪明的人最清

"一员"与"一霸"，含义迥异，角色地位迥异。

"气象蔼然"指面部表情和善亲切。

楚自己的位置在哪里，坐下来，像观赏电影一样展开自己的人生。而另一些人，终生都在找位置，而无暇坐下来做应做的事情。无论在什么样的际遇里，你只要谦卑，生活的位置就会向你显示出来。

　　谦卑是一种睿智。许多人对牛顿晚年的一段话不解。他说，在科学面前，我只是一个在岸边捡石子的小孩。这并非伪逊，实为感叹。牛顿你好穷毕生之力，终于看到了宇宙的浩瀚无际，也看到了自己的局限性。爱因斯坦正是发现了牛顿古典力学在特定情形下的谬误后，才开创了相对论。这一点，牛顿即使活着也不会惊讶，因为他从不为创立了足称不朽的定律而狂妄。所有称得上大师的人，他们的创造力使他们谦卑。如果在乞丐面前不够谦卑，证明他是一个有钱人；如果在世界的壮美面前仍不谦卑，则证明他是愚人。

　　谦卑是美。谄媚、奴颜、趋炎附势种种恶行与谦卑无关。谦卑是虚怀若谷所显示的平静，是洞悉人心之后的安然，是进退裕如的冲和。谦卑不是让你向势高一头的人畏缩。它是心智的清明，在天地大美面前豁然醒悟之后的喜悦。谦卑使人焕发出美，不光彬彬有礼，也不光以笑颜悦人，它是一个人在历经沧海之后才有的一种亲切，大善盈胸之际的一份宽厚，物欲淘净之余呈现的一颗赤子之心。这种姿态超凡脱俗，使人心仪不已。

　　这就是谦卑的力量。

【旁批】
比喻修辞手法。正反对比论证。

并列句式，语言有节奏。

排比。从正反两方面阐释"谦卑"的内涵。

"一种""一份""一颗"，用词准确而富于变化。

读与思

曾经,人们高喊要"改造自然""征服自然";如今,人们醒悟要"认识自然""敬畏自然""与自然和谐相处"。这不是文字游戏,背后是理念,反映的是人在自然面前是否谦卑。作者告诉我们,不仅在自然面前,在科学知识面前、在时代面前都要谦卑。莎士比亚说:"一个骄傲的人,结果总是在骄傲里毁灭了自己。"你谦卑了吗?你还知道哪些"谦卑"的人和事?

练一练

1. 本文的论述思路是怎样的?

2. 许多人对牛顿晚年的一段话不解。你是否理解了那句话的含义?

3. 第七段写爱因斯坦开创了相对论,有什么目的?

4. 文末说"这就是谦卑的力量"。"谦卑"有怎样的"力量"?

第15课　让高贵与高贵相遇

有泪水在，我感到自己仍然饱满。

对不期而至的泪水，我很难为情。对自己，我不敢使用伟岸、英武这样高妙的词形容，但还算是粗糙的蒙古男人，和东北的车老板子仿佛，这使我对在眼圈儿里转悠的泪水的造访很有些踟蹰。

我的泪水是一批高贵的客人，它们常在我听音乐或读书的时候悄然来临。譬如在收音机里听到德沃夏克《自新大陆》第二乐章的黑人音乐的旋律，令人无不思乡。想到德沃夏克这个捷克农村长大的音乐家，在纽约当音乐学院的院长，却时刻怀念故土。一有机会，他便去斯皮尔威尔——捷克人的聚居地，和同胞们一起唱歌。"3·5 5 3·21|2·3 5·3 2-|"，我的泪水也顺着这些并不曲折的旋律线爬上来。譬如读乌拉圭女诗人胡安娜·伊瓦沃罗的诗集《清凉的水罐》，诗人在做针线活时，窗外缓缓地走过满载着闪光麦秸的大车，她说："我渴望穿过玻璃去抚摸

"饱满"形容自己有情有义、精神丰富。用词新奇。

拟人手法。

领起下文，先写"听音乐"，再写"读书"。

听《自新大陆》，生怀念故土之情而落泪。

读《清凉的水罐》，生珍惜美好事物之情而落泪。

那金色的痕迹。"她看到屋里的木制家具，想："砍伐多少树才能有这一切呢？露水、小鸟和风儿的忧伤。……在光闪闪的砍刀下倒下的森林的凄哀心情。"读诗的时候，心情原本平静，但泪水会在这优美的叙述中肃穆地挤上眼帘。读安谧的诗集《手拉手》，说"透过玫瑰色暮霭的轻纱／我看到河边有个光脚的女孩／捧一尾小鱼／小心翼翼向村口走去"。这时，你想冲出门，到村口把小女孩手里的鱼接过来。那么，在地上洒满白露的秋夜，在把身子喝软、内心却异常清醒的酒桌上，在照片上看到趴在土坯桌上写字的农村孩子，蓦然想起小心翼翼的小女孩，捧着小鱼向村口走去，难免心酸。

　　那么，我想我并不经常读书，更难得读到好书，也不大懂音乐，最主要的是，我不是一个多愁善感的人，为何会常常流泪？一个在北国风雪中长大的孩子，一个当抄家的人踹门而入时贴紧墙壁站着的少年，一个肩扛檩子登木头垛被压得口喷鲜血的知青，我不应该流泪。在苦难中没有流过泪，生活越来越好了，我怎么会变得"儿女共沾巾"了呢？至今，我的性格仍然强悍，甚至暴躁。

　　后来，我渐渐明白了，泪水，是另外一种东西。这些高贵的客人手执素洁的鲜花，早早就等候在这里，等着与音乐、诗和人们心中美好之物见面。我是一位司仪吗？不，我是一个被这种情景感动了的路人，是感叹者。

读《手拉手》，生珍惜童年美好、同情农村苦孩子之情而落泪。

设问。问读者，也是问自己。

排比，写"我"的苦难经历。

如果是这样，我理应早早读一些真诚的好书，听朴素单纯的音乐，让高贵与高贵见面。

旋律或词语以及人心中美好的部分，使我想起海浪。当浪头来时，你盯住远处的一排，它迈着大步走过来，愈来愈近，就在与你相拥的一瞬消散了。这是一种令人惋惜的美好，似乎我们无法盯住哪一排浪，但可以欣慰的在于，远处又有浪涌来，就像使人肠热的旋律、诗和眼里的泪潮。

因而我不必为自己难为情了。

读与思

男儿有泪不轻弹，但是，有人为离别落泪，"执手相看泪眼，竟无语凝噎"；有人为相思落泪，"春蚕到死丝方尽，蜡炬成灰泪始干"；有人为思乡落泪，"故园东望路漫漫，双袖龙钟泪不干"；有人为怀古落泪，"出师未捷身先死，长使英雄泪满襟"；有人为感怀身世落泪，"座中泣下谁最多？江州司马青衫湿"；有人为国土沦丧落泪，"遗民泪尽胡尘里，南望王师又一年"；有人为看到胜利落泪，"剑外忽传收蓟北，初闻涕泪满衣裳"……鲍尔吉·原野呢？他为德沃夏克《自新大陆》的旋律落泪，为小心翼翼捧着小鱼向村口走去的光脚女孩落泪……你何时落过泪，为什么落泪，能否说说你的体验？

练一练

1. 本文标题是"让高贵与高贵相遇",这应当作何理解?

2. 第四段写自己的生活经历和性格特点,这样写有什么作用?

3. 作者说"旋律或词语以及人心中美好的部分,使我想起海浪"。"我"为什么会想到"海浪"?其中有何相似之处?

4. 文章第二段说"对不期而至的泪水,我很难为情",最后一段又说"我不必为自己难为情了"。这是为什么呢?

第 16 课　善良是一棵矮树

一

如今是"利益原则"至上的年代。经商的人把利润置于首位,并为此拼搏。不经商的人在这种社会氛围的笼罩下,也把利益上的得失作为思考的砝码。

在这种情形下,如果哪一个人偶尔提到了"善良"这个词,会使许多人感到意外:善良?什么善良?

人们对善良也感到陌生了。

但是,在表面上看起来排斥善良的时代,肯定是人们最需要善良的岁月。虽然有人说"如果我善良,肯定会吃亏",但稍稍想一下,造假酒把人眼睛喝瞎的人唯独缺少善良。

人可以宣称"我的钱已经赚足了",但没有人说"我的善良已经饱和了"。

阔人安双层防盗门,再装防盗锁,又入保险,不就是恐惧于别人的不善良吗?

中国青少年基金会四处游说,为山区失学孩子募集学费,也是企图通过人们仅存的一点善良来使

> 亮出观点,再从正反两方面具体分析。

> 富有哲理。

那些可怜的孩子多念上几天书。

反过来想，如今是一个充满恐慌的年代，是恐慌没有钱吗？是，又不完全是，缺的那一部分东西，就叫作善良。

第六到八自然段从正反两方面摆事实讲道理，阐述善良不仅不饱和而且严重缺失。

许许多多的人生际遇可以这样来表述：

升官发财靠的是自己的拼搏，安居乐业需要别人的善良。

《渴望》之在中国大行其道，传达了这样的普遍渴望：我们需要善良。需要谁的善良呢？当然是别人的善良。

一句话，我们恨不能把老婆、领导、邻居和在街上见到的每一个人都变成刘慧芳、宋大成，自己可在王沪生与王亚茹之间游离。

电视剧《渴望》中刘慧芳温柔善良，宋大成憨厚老实，王沪生狭隘自私，王亚茹有才偏执。

这部戏榨出了中国人的虚伪，虽然它在艺术上极幼稚。

如果你让哪一个人率先善良起来，他肯定不干，并反问："别人为什么不去善良？"

仰仗别人的善良得以苟活虽然可怜，但还不至于可悲。中国人的可悲在于，当有人以圣人的姿态播施善良时，会受到"集体无意识"的讥讽。

直击时弊。

二

如果善良与邪恶分别是两棵树的话，好看的是邪恶之树。

耐人寻味。

邪恶之树茂盛，绿叶如盖，果实鲜艳。

善良之树生长缓慢，不引人注目，有时没有果实。

这就是人们拒绝善良的道理所在。

如果仅仅从生长与结果来判断树的价值，那也只是它的价值之一，而不是价值的全部。

当人们把眼光投入果实时，善良之树在做什么呢？它在地下默默地固沙，在没有人烟之处亮出一片风景，在清新人们吸入的氧气。

> 用比喻生动地指出了善良的真正价值。

然而，善良也有果实，那就是人性的纯粹和人性的辉煌。

邪恶之树尽管疯长，但颓衰也过于迅速了。罂粟花不也是极美丽的吗？然而消失得也迅速。

贝多芬说："没有一个善良的灵魂，就没有美德可言。"

这是说善良与美德是密不可分的，但对于不需要美德的人来说，似乎可以不需要善良了。

还有一句格言很精彩，但不是名人说的，而是由我的一位朋友田睿口述："如果善良也是一种武器的话，我在生活中唯一的武器就是善良。"

这话令人玩味再三。

生活并不仅仅是"吃亏是福"的问题，敢于善良也不是敢于吃亏，善良常常无损失可言。作为一种天性，善良的人往往能化险为夷。

因而善良之树也是常青之树。

> 回应标题，突出中心。

读与思

如果哪一个人偶尔提到"善良"这个词,你会不会感到意外:善良?什么善良?"善良"和"天真"相依相伴。鲍尔吉·原野始终践行着"做一个善良的人比做一个作家更重要"的座右铭,他抨击了当今一些中国人伪善、唯利是图、坑蒙盗抢的恶劣行为,认为本该同伟大、崇高、正义等等相提并论的"善良",早已不是参天大树,而只是"一棵矮树",立论可谓振聋发聩。当然,这也许只是作者个人的感受和认识,你是否认同?或者别有高见?

练一练

1. 为什么说"善良是一棵矮树"?

———————————————————————
———————————————————————
———————————————————————

2. 文中提到风靡一时的电视剧《渴望》,有什么用意?

———————————————————————
———————————————————————
———————————————————————

3. 作者说朋友田睿的话"如果善良也是一种武器的话,我在生活中唯一的武器就是善良""令人玩味再三",你是怎么"玩味"这句话的?

———————————————————————
———————————————————————
———————————————————————

第17课　天真

　　天真是人性纯度的一种标志。在成年人身上，即使偶露天真也非常可爱。天真并不诉诸知识，大学或中专都不培养人的天真，或者说那里只戕灭天真。天真只能是性情的流露。

　　"我醉欲眠卿且去"，能说出这种话的人唯有李白，如无赖童子。在李白眼里，世事无不美好又无不令人沮丧。这是诗人眼里的生活，但李白赤条条地皈依于美好。他当不上官且囊中缺乏银两，但口出无可置疑之句："天生我材必有用，千金散尽还复来。"李白的天才，毋宁说是十足的天真加上十足的才气。我们多么感谢李白不像绍兴师爷般老辣，也不似孔明那么擅逞谋略，不然文学史黯然矣。

　　人们说"天真无邪"，言天真一物无不洁之念，如孔子修订过的"郑声"一样。但人生岂能无邪？所谓无邪只是无知而已，像小孩子研泥为丸，放在小盒子里，自以为旷世珍物。所以天真

> 首句夺目，精辟警策。
>
> 语出惊人，发人深思。
>
> 揭示了李白赤子般纯真率直的个性和积极浪漫的人生态度。
>
> 创造性解释，新颖深刻。从反面假设分析。
>
> 儿童的天真由无邪而来，而成人有种种的"俗"，自然缺少天真。

只存在于小孩子身上。每个小孩子都是诗人与幽默家,都讲过妙语。小女鲍尔金娜三岁时,我携她在北陵的河边散步。河水平缓,偶涌浪花,鲍尔金娜惊奇大喊:"小河在水里边。"小河——在——水里边,我想了许久。的确,小河若不在水里边,又在什么里边呢?倘若我们也肯于把小河看作一位生灵的话。鲍尔金娜还讲过"小雨点是太阳公公的小兵"云云。这些话很有些意思,但证明不了她亦是李白。儿童的天真只由无邪而来,一被语文算术绕缠就无法天真了,可见知识是天真的大敌。因而一位有知识的成年人还保持天真,无异于奇迹。谁也不能说爱因斯坦无知,但他天真——拒绝以色列总统的职务,说自己"只适合于从事与物理学有关的事情"。这种天真,事实上是一种诚实。诚实最接近于天真。齐白石九十岁时,翻出自己七十岁时的画稿阅读,说:"我年轻时画得多好!"人们对此不禁要微笑,七十还叫年轻吗?况且他说自己"画得多好",对九旬老者来说,七十岁只能说是年轻。白石老人多么诚实,又多么天真。在他的作品中,有一幅《他日相呼》,画面上两只小鸡雏各啣蚯蚓一端怒扯。没有童心,谁能画出这样纯净的作品呢?

　　艺术家的敌人,不外乎自身而已。自身在浊世中历练的巧慧、诡黠、熟练等无一不是艺术创作的阻碍。若克服这种种的"俗",几乎是不可能的,

> 照应开头"大学或中专……只戕灭天真"。

因为你不可能一边争官赚钱，又一边保持天真。老天爷不肯把这么多的能力都赋予一个人。国画家从古到今反复喃喃"师造化"，所师者不外是一股浑然自在的气势。

天真的本性是真。倘若假，可称之为表演，与天真无关。一个人原本不必天真，成熟稳练未尝不好，可应付无穷险恶。但最使人难堪的，是一种伪装的天真，它与官场上伪装的老辣同样令人作呕。有的艺人在观众前制造憨态，仿佛比处女还要处女，以惹人珍怜。猴子学着熊猫样子翻跟斗，还是猴子，因为太敏捷了。倘若慢慢翻，又显得可疑。只有熊猫翻跟头才憨，因为它既痴又笨。有的作家（包括女作家）喜欢在文章中絮叨自己怎样不懂爱情，一副泪眼盈盈的样子。这种"不懂爱情"，无异于劝别人相信从染缸中拽出一匹白布。他们窃以为"愚"就是"真"。但此技不仅不真，却露出了"真愚"。

> 比喻新准，饱含情感。

天真之"真"，由"天"而出，即余光中先生说的"破空而来，绝尘而去"，它得乎天性，非关技巧。黄永玉先生在《永玉三记》中，说喷嚏是"一秒钟不到的忘乎所以，往往使旁观者惊喜交加"；说镇定是"到处找不到厕所而强作潇洒的那种神气"。精妙，当然也睿智，但也透出说者在语言背后的天真。睿智或许可以模仿，但天真委实无法模仿。有的诗人，被人喊打惶惶如丧家之犬，原因是在诗中不恰当地布置了过多的"天真"。其实,为文之道如为人之道,天真只是其中一路,可通之路又有万千。培根如老吏断案,昆德拉用性事揶揄政治,都见不到天真,但均可阅可喜。

对于天真,最妙的回答是一个孩子为"天真"一词的造句,曰:"今天真热。"

以实例表现了孩子无知的天真,幽默睿智。

读与思

什么是天真?天真是一种不加矫饰的高纯度性情。它是诗,一如李白的"我醉欲眠卿且去";它是幽默,一如鲍尔金娜的"小雨点是太阳公公的小兵";它是睿智,一如黄永玉说喷嚏是"一秒钟不到的忘乎所以"。当你被语文算术绕缠的时候,当你为柴米油盐苦恼的时候,当你企图一笑倾城的时候,当你受累于功名利禄的时候……你还能保持与生俱来的天真吗?生活中,你又与天真打过多少交道呢?

练一练

1. 联系全文概括回答：作者所说的"天真"包括哪些内涵？

2. 第三段中作者说"知识是天真的大敌"，又说"谁也不能说爱因斯坦无知，但他天真"，这是否自相矛盾？该如何理解？

3. 第六段的论述思路是怎样的？

写作启示

本单元所选的文章都是随笔,或者叫"说理散文"。作者"在精神的云端拥抱生活",他对人生中不可避免会遇到的"天真""善良""快乐""泪水""谦卑"等问题,进行了深入的思考,阐发了自己独到而深刻的领悟。但又没有板起面孔说教,没有喋喋不休的灌输,没有义愤填膺的斥责,而是在生动的叙事中,形象的比喻中,正反的对比中,幽默的辨析中,陈述观点,启迪读者。用慧眼看生活,用慧心想生活,或指点江山,或风花雪月,或油盐酱醋,或风物人情……你大有文章可做。

妙笔生花

生活中有很多值得我们思考的问题:大至"生命""青春""爱国""治穷""利义"……小至"习惯""兴趣""方法""常识""健身"……你有怎样的体验和感悟?学习作者将叙述、描写、抒情、议论熔于一炉的写法,写一篇随笔,题目自拟,不少于600字。

第五单元
季节之歌

单元导读

　　春夏秋冬，各美其美，美不胜收。春天最为神奇，它是改革家，让大地焕然一新，它是不许人们在雨里流泪的。但是，春天从哪里开始？想要探春、知春，常常只是一场梦。夏呢，则似乐曲的中板，呈现中和之美。你以为秋天等于收获，可这不符合草木的逻辑。冬天是冷酷的君王吧？你想享受冬天可丝毫不受影响。这是作者笔下的四季之歌，你最爱的又是哪个季节呢？

第 18 课　春如一场梦

　　每年近春,我脑子会冒出一个念头,内心被这个念头诱惑得高瞻远瞩,双腿奔忙如风火轮。静夜想,我想我可能找到了人生的真谛,年华从此不虚度。但每次——已经好几次——我的念头被强大的春天所击溃,我和我的计划像遗落在大地上的野菜一般零落不足惜。

　　我的念头是寻找春天从哪里开始。这不是一个伟大的计划吗?当然是,但是春天到底从哪里开始的呢?

　　众人所说的春意,对我住的地方而言,到了三月中旬还没动静。大地萧索,上面覆盖着去年秋天戗伏的衰草,河流也没解冻。但此为表相,是匆匆一瞥的印象,是你被你的眼睛骗了。蹲下看,蒲河的冰已经酥化起层,冰由岩石的白化为鸡蛋壳的白。它们白而不平,塌陷处泛黑,浸出一层水。底层的河水与表面的冰相沟通。这是春天的开始吗?好像不是,这可算春天来临之前河流的铺垫,距人

什么念头?设置了悬念。

解释"念头",解开悬念。
引起下文。

从蒲河的冰来看,春天似乎还没开始。

们所说的桃红柳绿相距甚远。或者说，这是冬天的结束？说当然是可以这么说，然而冬天结束了吗？树的皮还像鳄鱼皮一样灰白干燥，泥土好像还没活过来。我读一本道家谈风水的书，书上说阳春地下有气运行。大地无端鼓起一个包，正是地气汇聚所致。此时看，还看不出哪个地方鼓起土包。

> 从树皮，尤其泥土来看，冬天似乎还没结束。

有一件事我们要厘清：塞地冬季的结束与春天到来会分明吗？这事说不好，谁也不敢定。冬天有多少种迹象代表冬？春天有多少种迹象代表春？我们作为渺小的人类真的说不清，政府也说不清。你说冬天有白雪，然而春天有春雪。大自然或曰天道不会把季节安排得像小学一年级、二年级那么清楚。

> 春的开始、冬的结束界限并不清楚。

大地寂寥，现在是三月下旬，四周依旧静悄悄。田野没有绿衣、野花和蝴蝶。大地仿佛入定了，没谁能改变它。谁能让这么大一片土地披上新装，谁能让小鸟翻飞缭绕，谁能让小虫在泥土上攀爬，谁能让毫无色彩的大地上开遍野花？渺小的人类不能，政府也不能。所能者只有春天。在这个时刻瞭望春天——假如他从未经历春天的话——会觉得春天可能不来了，一点消息都没有。我回想往年的春天每每像不来了，每每轰然而至。它之到来如卸车，卸下无数吨的青草，更多吨的绿叶，一部分的鲜花，更少吨的小鸟、甲虫和云母片一般天上的轻云。那是哪一天的事，我确实记不得了。这只是某一天的事，是去年春天的事，是往事。

> 排比、设问，强调只有春天能改变大地。

第18课 | 春如一场梦

　　作为一个悭吝的人,我不情愿让春天就这样冲过来了事,不如捕捉一些线索,看它怎样动作。我住在沈阳北三环外的远郊。此处无所有,聊备大野荒。政府把这里几十平方公里的耕地买下卖给开发商,由于楼市低迷,后者不敢再盖楼,四处荒芜。政府在此造好道路,路两边栽上桃树、杏树、樱花树等,春天一并开放。花树与撂荒的土地构成史前时期的粗砺地貌,使我不负责任地感到十分美好。我在荒地上奔走,虽不种地但比种地的农民还忙,我要找眼前哪怕一点点绿的痕迹,没有。坐下来歇息时,却见柳条软了,柳枝在褐色外面敷盖一层微黄。我跳起来去看那黄的柳枝,此色如韩愈所说"近却无"矣。手在地上抓两把土,土松软,并有潮湿的凉意。

　　春天在某一个地方藏着呢。它藏在哪儿呢?地虽大,但装不下春天。天上空空如也,也藏不了一个春。我如果没误判,春藏在风里,它穿着隐身衣在风里摸一下土,摸一下河水,摸一摸即将罗列蓓蕾的桃树枝——以此类推——摸一摸理应在春天里苏醒的所有生物,包括蚂蚁。这就像解除了束缚万物的定身法,万物恍然大悟,穿上花红柳绿的衣衫闯入春天。

　　三月末,我赴长春勾留两日,办完事装模作样在净月潭环潭跑步18公里,要不当天就回来了。回来一看,糟了!荒地的低洼冒出了青草,大地悄

承上启下。

"我"认为荒地"美好",那是"不负责任",其实景象真是"粗砺"。

可见"我"对春色的期盼之切,可见"我"此刻内心的激动。

拟人、排比,写春不知不觉滋润万物。

悄流淌着青草的溪流。它们趁我不备，搞了一场偷袭。我走过去，蹲下，连哭的心都有了。这才两天的事，你们却这样了。我本想让青草在我眼皮底下冒出来，接受我的巡礼与赞美，我却去了长春。知道这个，我去什么长春呢？青草——我本想对它们说我待你不薄，细想也没对人家怎样就不说了。大地之大部分仍被白金色的枯草所占领，但每一块枯草下面都藏着青草的绿芽，它们是今年的春草，无所畏惧地来到了世上。

> 拟人，照应上文的"闯"。
>
> 写"我"懊悔的心理，感情真挚。

我知道春天并非因我而来，却想知道春的来路，然而这像探寻时间的起点一样困难。相对论说明：时间的快慢取决于物体穿过空间的运动的快慢以及它们靠近通过引力牵引它们的大质量物体的程度。量子力学显示：在最微观尺度下，事物的实质和存在变得很奇怪，比如两个粒子可以以某种方式纠缠起来，且不管两者距离有多远。我尽可能通俗地引用物理学论述，但足以说明所谓"时间"是一个含糊的表达，它没有开始，同样没有开始的还有春天。

> "相对论"和"量子力学"的表述，增强了文章的知识性、趣味性。

归来两日，大地每日暴露一些春的行迹。桃花迟迟疑疑开了，半白半红。而没开的蓓蕾包着深红的围脖。连翘是春天的抢跑者，举着明黄的花瓣，堂皇招摇。若醒得早，会听到鸟儿在曦光里畅谈古今（天亮时间5：30分左右）。此乃春之声，冬日窗外无鸟语，因为无鸟。跑步时，我发现了一只纽扣大的蝴蝶，紫色套金边。它像不会飞，它却一直

> 与上文的"藏"相照应。
>
> 拟人、比喻，从视觉、听觉多角度表现盎然春意，充满惊喜之情。

飞，离地 20 厘米许。我跑步掐表，本不愿停下，却面对这 2016 年第一只蝴蝶发了一阵呆，它是蝴蝶还是春？春云呢，它是那么薄。夏日里成垛的云，春天可以扯平覆盖整个天空，如蚕丝一般空灵。云彩们还在搞计划经济，该多的时候多，该少的时候少，无库存。这样说来，春天到了或基本上到了。但春日并不以"日"为单位，春不分昼夜。站在阳台看，草与木早上与下午已有不同。刚刚看，窗外五角枫的枝条已现青色，上午还不是这样。春天之不可揣摩如上面说的，其变不舍昼夜。夜里什么草变青，什么花打苞，什么树萌芽完全处在隐蔽战线，即便我头顶一个矿灯寻查也难知详尽。春天太大了，吾等不知它的边际在哪儿，也不知它在怎么搞，探春不外妄想，知春更是徒劳。

用比喻、对比手法写"春云"，有情趣。

今日，我骑自行车沿蒲河大道往东走，没出两公里，见前方路边站满了灼灼的桃花，延伸无尽。这阵势把我吓得不敢再走。我只不过寻找枝头草尖上面小小的春意，而春天声势浩大地把我堵在了路口。春天还用找吗？这么浩荡的春天如洪水袭来，让我如一个逃犯面对着漫山遍野桃花的警察不敢移步。我不走了，我从前方桃树模糊的绯红里想象它们一朵一朵的桃花，爬满每一棵树与每一根枝条。它们置身一场名叫"花"的瘟疫里无可拯救。再看身边的杨树，它们虽不开花，但结满了暗红的树狗子，树冠因此庞大深沉。再看大地，仿佛依旧萧索，

用词贴切传神。

比喻生动。

青草还没铺满大地。我仍然不知春天到还是没到，桃花占领了路旁，大地却未返青。春天貌似杂乱无章，实则严密有序地往外冒。春天蔑视寻找它的人，故以声东击西之战术把他搞乱套。用眼睛发现的春天似可见又不可见，远在天边，近在眼前，人是搞不赢的。我颓然坐在杨树下，听树上鸟鸣，一声声恰恰分明，而风温柔地拂到脸上，像为我做个石膏模子离去。我知道在我睁开眼睛之后，春色又进驻了几分，我又有新的发现，这一切如同一个梦。

照应标题，总结全文。

读与思

春天在哪里？春天在柳枝上，春天在河冰间，春天在桃花里，春天在蝴蝶的翅膀中，春天在云彩内……那么，春天是从哪里开始的呢？"我""双腿奔忙如风火轮"，十分费力地寻找每一点春天的蛛丝马迹，可是"春天蔑视寻找它的人，故以声东击西之战术把他搞乱套"。"我"终于发现，"人是搞不赢"春天的，"探春不外妄想，知春更是徒劳"。春天究竟是"杂乱无章"的，还是"严密有序"的呢？

> 练一练

1. 作者为什么说"春如一场梦"？

_____

_____

2. "我"寻找春天的过程是怎样的？其间情感有怎样的变化？

_____

_____

_____

_____

3. 北国春天的到来有哪些特点？

_____

_____

4. 下面句子中的加点词各有何表达效果？

（1）作为一个悭吝的人，我不情愿让春天就这样冲过来了事，不如捕捉一些线索，看它怎样动作。

_____

_____

（2）这就像解除了束缚万物的定身法，万物恍然大悟，穿上花红柳绿的衣衫闯入春天。

_____

_____

第19课 春天是改革家

四季当中，春天最神奇。夏季的树叶长满每一根枝条时，花朵已经谢了，有人说："我怎么没感觉到春天呢？"

春天就这样，它高屋建瓴。它从事的工作一般人看不懂，比如刮大风。风过后，草儿绿了；再下点雪，然后开花。之后，不妨碍春天再来点风，或雨，或雨夹雪，树和草不知是谁先绿的。河水开化了，但屋檐还有冰凌。

引起下文。

想干啥干啥，这就是春天的作风。事实上，我们在北方看不到端庄娴静的春天，比如油菜花黄着，蝴蝶飞飞；柳枝齐齐垂在鸭头绿的春水上，苞芽鹅黄；黑燕子像钻门帘一样穿过枝条。这样的春天住在江南，它是淑女，适合被画成油画、水彩、被拍照和旅游。北方有这样的春天吗？没见过。在北方，春天藏在一切事物的背后。

在北方，远看河水仍然是白茫茫的冰带，走近才发现这些冰已酥黑，灌满了气泡，这是春天的杰

对比，南方春天端正娴静，北方春天化冻成泞。

作。虽然草没有全绿，树未吐芽，更未开花，但脚下的泥土不知从何时泥泞起来。上冻的土地，一冻就冻三尺，是谁化冻成泞？春天。

像所有大人物一样，春天惯于在幕后做全局性、战略性的推手。让柳叶冒芽只是表面上的一件小事，早做晚做都不迟。春天在做什么？刚刚说过，它让土地解冻三尺，这是改革开放，是把冬天变成夏天——春天认为，春天并不是自然界的归宿，夏、秋和冬才是归宿或结果——这事还小吗？

春天既然是大人物，就不为常人所熟知。它深居简出，偶而接见一下春草、燕子这些春天的代表。春天在开会，在讨论土地开化之后泥泞和肮脏的问题。许多旧大员认为土地不可开化，开化就乱了，泥泞的样子实在给"春天"这两个字抹黑。这些讨论是呼呼的风声，我夜里常听到屋顶有什么东西被吹得叮当响，破门拍在地上，旧报纸满天飞。这是春天会议的一点小插曲。春天一边招呼一帮人开会，另一边在化冻，催生草根吸水，柳枝吐叶，把热气吹进冰层里，让小鸟满天飞。春天看上去一切都乱了，一切却在突然间露出了崭新的面貌。

春天暗中做的事情是让土地复苏，让麦子长出来，青草遍布天涯。"草都绿了，冬天想回也回不来了。"这是春天常说的一句话。春天并不是冬天到达夏天的过渡，而是变革。世间最艰难的斗争是自然界的斗争，最酷烈的，莫过于让万物在冬天里

照应第二段"高屋建瓴"和第三段"春天藏在一切事物的背后"。照应标题。

拟人。

写改革中遇到"泥泞和肮脏"问题以及一些反对的意见，突出春天能正视问题，不畏阻力，表现了其坚持改革的决心。

乱而后治。

复苏。冬天是冷酷的君王，拒绝哪管是微小的变化。一变化，冬天就不成其为冬天了，正如不变化春天不成其为春天。春天和冬天的较量，每一次都是春天赢。谁都想象不到，一寸高的小草，可以打败一米厚的白雪，白雪认为自己这么厚永远都不会融化。如果它们是钱，永远花不完。积雪没承想自己不知不觉变成沟壑里的泥汤。

　　春天朴素无物，春天大象无形，春天弄脏了世界又让世界进入盛夏。春天变了江山即退隐，柳枝的叶苞就是叶苞，它并不是春天。青草也只是一株草，也不是春天。春天以"天"作为词尾，它和人啊树啊花啊草啊牛啊羊啊官啊长啊都不一样，它是季候之神，说来就来，说走就走。爱照相的人跟夏天合影、跟秋天合影、跟冬天合影，最难的是跟春天合一张影，它们的脚步比"咔嚓"声还要快。

"一寸高"，强调小草的矮小柔弱；"一米厚"，突出白雪的厚实强大，强烈对比中可见春与冬的较量之酷烈，突出了春天不畏阻力、厉行改革的精神。

排比句赞美春天。

夸张,照应首段,春天来得快,去得快,突出其"最神奇"。

读与思

　　当旧的观念、旧的做法、旧的制度不适应新的时代、新的社会时，人们就需要改革开放。改革需要高瞻远瞩、全盘统筹，改革需要通过会议进行讨论，改革需要破釜沉舟的决心，最终在看似纷乱中迎来新世界。你有没有想到，春天的到来竟然也是一场"改革开放"？作者用奇思妙想构思本文，生动地描绘了春回大地的过程，充满情趣，充满睿智。那么，在这种自然界上演的大戏中，你还能赋予四季哪些角色呢？

练一练

1. 作者为什么说"春天是改革家"?
_____
_____
_____

2. 文章第三段中,作者为什么要写江南的春天?
_____
_____
_____

3. 如何理解下面这句话的含义?
春天并不是冬天到达夏天的过渡,而是变革。
_____
_____
_____

4. 为什么说"春天最神奇"?
_____
_____
_____

第20课 大夏之夏

夏天好似乐曲里的中板,它的绿、星斗的整齐和蛙鸣呈现中和之美。夏日与夏夜的节奏匀称,它的织体饱满。夏天的一切都饱满,像一池绿水要漫出来。庄稼和草都在匀称之间达到饱满。夏日的生命最丰富,庞杂却秩序清晰。生命,是说所有生灵的命,不光包括庄稼和草,还有几千种小虫子。有的小虫用一天时间从柳枝的这一端爬到那一端,而它不过活十天左右。小虫不会因为一生只有十天而快跑或慢爬,更不会因此哭泣。每一种生物对时间的感受都不一样,就像天上神仙叹息人生百年太短,而"百"和"年"只是人发明出来的说辞。小虫的时间是一条梦幻的河流,没有"年月日"。命对人来说是寿,对小虫来说是自然。虫鸟比人更懂缘起性空的道理。

夏天盛大,到处都是生命的集市。夏天的白昼那么长,仍然不够用。万物借太阳的光照节节生长。老天爷看它们已经长疯了,让夜过来笼罩它们,让

> 突出了夏天的"饱满"。

> 小虫有小虫的节奏,体现"中和之美"。

> 引入佛法,增加内涵。

它们歇歇。有的东西——比如高粱和玉米,在夜里偷着咔咔拔节,没停止过生长。这是庄稼的梦游症。在夏日,管弦乐队所有的乐器全都奏响。闪电雷鸣是打击乐,雾是双簧管,柔和弥漫,檐下雨滴是竖琴,从石缝跳下来的山泉水也是竖琴。大提琴是大地的呼吸,大地的肺要把草木吸入的废气全吐出来。它怕吓到柔弱的草,缓缓吐出气。这气息在夜里如同歌声,是天籁地籁人籁中的歌声。

> 想象新奇。

> 地球母亲确实慈蔼。

许许多多的草木只有春天和夏天,没有秋天,就像死去的人看不见自己墓地的风景一样。草不知何谓秋天,它对秋天等于收获这种逻辑丝毫不懂,这是人的逻辑,所说都是功利。

> 比喻贴切。

夏日是雨的天堂。雨水有无数理由从天空奔赴大地,最后无需理由直接倾泻到大地上,像小孩冲出家门跑向田野。雨至大地,用手摸到了它们想摸的一切东西。雨的手滑过玉米的秸秆和宽大的叶子,降落到沉默的牛的脊背上。雨从树干滑下来,钻进烟囱里,踩过千万颗沙粒,钻进花蕊。雨没去过什么地方?雨停下来,想一想,然后站在房顶排队跳下来。它们在大地造出千万条河流,最小的河流从窗户玻璃流下来,只有韭菜那么宽,也是河流。更多的雨加入河水,把河挤得只剩一小条,拥挤的雨水挤坍了河岸,它们得意地跑向远方。太阳出来,雨可以休息了。雨去了哪里?被河水冲跑和沉入泥土的雨只是这个庞大家族的一部分子民,其他的雨

> 虽有"无数理由",其实"无需理由",有意趣。

> "滑""钻""踩",动词使用准确。

回到了天空。它们乘上一个名为"蒸发"的热气球,回到了天上。它们在空中遇到冷空气,急忙换上厚厚的棉衣。那些在天空奔跑的棉花团里面,隐藏着昨夜降落在漆黑大地上的雨水。

夏夜深邃。如果夜是一片海,夏夜的海水最深,上面浮着星星的岛屿。在夏夜,许多星星似乎被海冲走了。不知从哪里漂来新的星屿,它们比原来的岛屿更白净。

夏天流行的传染病中,最严重的是虫子和青蛙所患的呼喊强迫症。它们的呼喊声停不下来,它们的耳朵必须听到自己的喊声。这也是老天爷的安排,它安排无数青蛙巡夜呼喊,听上去如同赞美夏天。夏天如此丰满,虫与蛙的呼声再多一倍也不算多,赞美每一个苹果和樱桃的甜美,赞美高粱谷子暗中结穗,花朵把花粉撒在四面八方。河床满了,小鸟的羽毛干干净净,土地随时长出新的植物。虫子要为这些奇迹喊破嗓子,青蛙把肚子喊得像气球一样透明。

"安排"耐人寻味,"巡夜"用词生动,"赞美"引起下文。

读与思

夏天,在你的印象里是否就意味着"赤日炎炎似火烧",意味着"西瓜""冰棍"和"空调"?在鲍尔吉·原野的笔下,雨"站在房顶排队跳下来",然后"乘上一个名为'蒸发'的热气球,回到了天上",河床满了,小鸟的羽毛干干净净,庄稼得了梦游症,虫子和青蛙得了呼喊强迫症。这样的夏天,有声有色,有画面有声音,有了夏天应有的尊严。你是否也能用生动的笔墨描摹一下你所熟悉的夏天?

练一练

1. "大夏之夏"具有哪些特点?

_____

_____

2. 第四段写了夏雨怎样的经历?

_____

_____

3. 赏析下面的句子。

在夏日,管弦乐队所有的乐器全都奏响。闪电雷鸣是打击乐,雾是双簧管,柔和弥漫,檐下雨滴是竖琴,从石缝跳下来的山泉水也是竖琴。大提琴是大地的呼吸,大地的肺要把草木吸入的废气全吐出来。

_____

_____

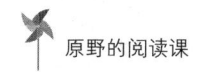

第 21 课　没有人在春雨里哭泣

雨点瞄着每株青草落下来，因为风吹的原因，它落在别的草上，别的雨点又落在别的草上。春雨落在什么东西都没生长的、傻傻的土地上，土地开始复苏，想起了去年的事情。雨水排着燕子的队形，以燕子的轻盈钻入大地。这时候，还听不到沙沙的声响，树叶太小，演奏不出沙沙的音乐。春雨是今年第一次下雨，边下边回忆。有些地方下过了，有些地方还干着。春雨扯动风的透明的帆，把雨水洒到它应该去的一切地方。

走进春天里的人是一些旧人。他们带着冬天的表情，穿着老式的衣服在街上走。春天本不想把珍贵的、最新的雨洒在这些旧人身上，他们不开花、不长青草，也不会在云顶歌唱，但雨水躲不开他们——雨水洒在他们的肩头、鞋和伞上。人们抱怨雨，其实，这实在是便宜了他们这些不开花不长青草和不结苹果的人。

春雨殷勤，清洗桃花和杏花，花朵们觉得春雨

> 从雨的落点，到雨的队形，最后写到雨不断扩散的覆盖面，视觉上由近及远。接着又从听觉角度写了初春新雨的无声。

> 从神态、衣着上写人的麻木、守旧。

> 春雨公平公正。

第 21 课 | 没有人在春雨里哭泣

太多情了。花刚从娘肚子钻出来，比任何东西都新鲜，无须清洗。不！这是春雨说的话，它认为在雨水的清洗下，桃花才有这样的娇美。世上的事就是这样，谁想干什么事你只能让它干，拦是拦不住的。春天的雨水下一阵儿，会愣上一会儿神。它们虽然在下雨，但并不知这里是哪里。树木们有的浅绿、有的深绿。树叶有圆芽，也有尖芽。即使地上的青草绿得也不一样。有的绿得已经像韭菜，有的刚刚返青。灌木绿得像一条条毯子，有些高高的树才冒嫩芽。性急的桃花繁密而落，杏花疏落却持久，仿佛要一直开下去。春雨对此景似曾相识，仿佛在哪里见过。它去过的地方太多，记不住哪个地方叫什么省什么县什么乡，根本记不住。省长县长乡长能记住就可以了。春雨继续下起来，无须雷声滚滚，也照样下，春雨不搞这些排场。它下雨便下雨，不来浓云密布那一套，那都是夏天搞的事情。春雨非不能也，而不为也。打雷谁不会？打雷干吗？春雨静静地、细密地、清凉地、疏落地、晶亮地、飘洒地下着，下着，不大也不小。它们趴在玻璃上往屋里看，看屋里需不需要雨水，看到人或坐或卧，过着他们称之为生活的日子。春雨的水珠看到屋子里没有水，也没有花朵和青草。

　　春雨飘落的时候伴随歌声，合唱，小调式乐曲，6/8 拍子，类似塔吉克音乐。可惜人耳听不到。春雨的歌声低于 20 赫兹。旋律有如《霍夫曼的故事》

比拟、反问、反复，模拟春雨的口吻，展现其心理活动，刻画了春雨纯真质朴又略带执拗的形象，笔调轻松幽默，语言活泼传神。

一个"趴"、三个"看"，逼真地描摹出轻盈的雨珠打在玻璃上挂而不落的样子。春雨好奇殷勤的情态跃然纸上，读来趣味盎然。

里的"船歌",连贯的旋律拆开重新缝在一起,走两步就有一个起始句。开始,发展下去,终结又可以开始。船歌是拿波里船夫唱的情歌小调,荡漾,节奏一直在荡漾。这些船夫上岸后不会走路了,因为大地不荡漾。春雨早就明白这些,这不算啥。春雨时疾时徐、或快或慢地在空气里荡漾。它并不着急落地。那么早落地干吗?不如按6/8的节奏荡漾。塔吉克人没见过海,但也懂得在歌声里荡漾。6/8不是给腿的节奏,节奏在腰上。欲进又退,忽而转身,说的不是腿,而是腰。腰的动作表现在肩上。如果舞者头戴黑羔皮帽子,上唇留着浓黑带尖的胡子就更好了。

丰富的联想想象。

　　春雨忽然下起来,青草和花都不意外,但人意外。他们慌张奔跑,在屋檐和树下避雨。雨持续下着,直到人们从屋檐和树底下走出。雨很想洗刷这些人,让他们像桃花一样绯红,或像杏花一样明亮。雨打在人的衣服上,渗入纺织物变得沉重,脸色却不像桃花那样鲜艳而单薄。他们的脸上爬满了水珠,这与趴在玻璃上往屋里看的水珠是同伙。水珠温柔地俯在人的脸上,想为他们取暖却取到了他们的脸。这些脸啊,比树木更加坚硬。脸上隐藏与泄露着人生的所有消息。雨水摸摸他们的鼻梁,摸摸他们的面颊,他们的眼睛不让摸,眯着。这些人慌乱奔走,像从山顶滚下的石块,奔向四方。春雨中找不到一个流泪的人。人身上有4000到5000

领起下文。

照应第三段"清洗桃花和杏花"。

照应第三段。

毫升的血液，大约只有 20 到 30 毫升的泪。泪的正用是清洗眼珠，而为悲伤流出是意外。他们的心灵撕裂了泪水的小小的蓄水池。春雨不许人们流泪，雨水清洗人的额头、鼻梁和面颊，洗去许多年前的泪痕。春雨不知人需要什么，如果需要雨水就给他们雨水，需要清凉给他们清凉，需要温柔给他们温柔。春雨拍打行人的肩头和后背，他们挥动胳膊时双手抓到了雨。雨最想洗一洗人的眼睛，让他们看一看——桃花开了。一棵接一棵的桃树站立路边，枝丫相接，举起繁密的桃花。桃花在雨水里依然盛开，有一些湿红。有的花瓣落在泥里，如撕碎的信笺。如琴弦一般的青草在桃树下齐齐探出头，像儿童长得很快的头发。你们看到鸟儿多了吗？它们在枝头大叫，让雨大下或立刻停下来。如果行人脚下踩上了泥巴应该高兴，这是春天到来的证据。冻土竟然变得泥泞，就像所有的树都打了骨朵。不开花的杨树也打了骨朵。鸟儿满世界大喊的话语你听到了吗？春天，春天，鸟儿天天说这两句话。

> 排比，写出春雨的慷慨无私。

> 用拟人、比喻的修辞手法写桃花，生动形象，富有感情。

读与思

春雨是慷慨的,"需要清凉给他们清凉,需要温柔给他们温柔";春雨是殷勤的,"它认为在雨水的清洗下,桃花才有这样的娇美";春雨是朴实的,"下雨便下雨,不来浓云密布那一套,那都是夏天搞的事情";春雨是间断的,"春天的雨水下一阵儿,会愣上一会儿神";春雨是可爱的,"它们趴在玻璃上往屋里看,看屋里需不需要雨水";春雨是多情的,"雨水清洗人的额头、鼻梁和面颊,洗去许多年前的泪痕"……在这样的春雨中,人何必要哭泣呢?在这样的春雨里,"带着冬天的表情,穿着老式的衣服",是不是辜负了春雨的一片痴情?

练一练

1. 文章为什么以"没有人在春雨里哭泣"为题?

2. 第四段提到拿波里船夫唱的"船歌",有何作用?

3. 本文多次写春雨中的"人",有何用意?

第22课　四季

秋天

　　用读《论语》的眼光看秋天，它干净而简洁，枝条洗练，秋空明净，这是谁都知道的。老天爷只在秋季擦拭晴空。白杨树，干直而枝曲，擎着什么，期待或其他；河床疏阔，一眼望尽。

　　秋天，场院丰盈但四野凋敝——由于人对土地的掠夺。我不愿意看到玉米叶子自腰间枯垂，像美人提着裤子。割去吧，用锋利的镰刀把玉米自脚踝割断，它们整齐地躺在垄上，分娩一样。谷子尚不及玉米，斩过又让人薅一下，头颅昏沉坠着。

　　在乡下，我爱过我的镰刀。不光锋利，我在意刀把的曲折，合乎"割"的道理。镰刀把握在手，是一种不尽，一种生存与把玩的结合。

　　在北方的秋天，别忘了抬头看老鸹窝，即钻天杨梢上的巢。细枝密密交封，里面住着老鸹的孩子。老鸹即乌鸦，虽然不见得好看，小老鸹喙未角质化，鹅黄色。

首句新奇夺目。

总写，领起下文。

拎着镰刀抬头看老鸹，或拾土块击其巢（当然击之不中），是秋天的事情。老鸹扇翅盘桓，对你"呱呱"，没责备，也许算规劝。

若说场院胜景，最好的不是飞锨扬场——粮食在风中吹去秕糠，如珠玉落下；在集体的场院里，电灯明晃高照，和农村老娘儿剥玉米才是享受。电灯一般是二百瓦的，红绿塑料线沿地蜿蜒。这时，地主富农坐一厢，知识青年和贫下中农坐一厢。谈话最响亮的是大队书记的年轻媳妇，她主导，也端正，手剥玉米说着笑话。夜色被刺眼的光芒逼退了，剥出的新鲜玉米垛成矮墙风干。

乡道上，夏天轧出的辙印已经成形，车老板子小心地把车赶进辙里行进。泥土干了，由深黄转为白垩色。芨芨草的叶子经霜之后染上俗艳的红色。看不到蚂蚁兄了，雁阵早已过去。怎么办呢？我们等着草叶结霜的日子，那时候袖手。

总有一些叶子，深秋也不肯从枝上落下，是恋母情结或一贯高仰的品格。然而，当它们随着风声旋转落地时，人们总要俯首观看，像读一封迟寄的信。

冬日

在这个时候，我父亲出门前要提系裤子再三，因为棉裤、毛裤云云，整装以待发。

这时，我在心里念一个词："凛冽。"风至、

> 拟人，老鸹仁慈厚道。
>
> 场景描写，极富画面感，扬场景象如在眼前。
>
> 分写"场院"。
>
> 唯其天冷，才要提系层层棉裤、毛裤。

霜降、冰冻，令我们肺腑澄澈无比。冷固然冷，但我们像胡萝卜一样通红透明。真的，我的确在冬天走来走去，薄薄的耳朵冻而后疼，捂一捂又有痒的感觉。鼻子也如涅克拉索夫说的"通红"。但为什么不享受冬天？冬天难道不好吗？

> 从触觉、视觉角度写。

冬天！这个词说出来就凝重，不轻浮。人在冬天连咳嗽亦干脆，不滞腻。窗上的霜花是老天爷送你的一份薄礼，笑纳吧。当你用你的肉感受一种冬天的冷时，收到的是一份冰凉的体贴。比较清醒，实际比较愚钝。因为冬藏，人们想不起许多念头。我女儿穿得像棉花包一样，在冰上摔倒复起，似乎不痛。

> 霜花不是厚厚的冰凌，所以说"笑纳""薄礼"，生动贴切。

想我的故乡，我的祖先常常在大雪之后掏一条通道前往其他的蒙古包。在这样的通道上走，身边是一人高的雪墙。他们醉着，唱"A ri Ben Ta Ben Nie Sa Ri……"走着，笨拙却灵活的爱情，相互微笑举杯。

> 豪放的蒙古族先人。

冬天听大气的歌曲，肖斯塔科维奇或腾格尔。不读诸子，反正我不读诸子，因为没有火盆，也没有绍兴老酒。唱歌吧，唱外边连霜都不结的土地，连刨三尺都不解冻，而我们还在唱歌，这不是一种生机吗？

冬天的女人都很美丽，衣服包裹周身，只露出一张脸。我们一看：女人！不美丽的女人亦美丽。爱她们吧，如果有可能。她们在冬天小心地走着，像弱者，但生命力最强。

> "似弱实强""柔弱胜刚强"，富有哲理。

春时

春天无可言说，汗液饱满，我们说不出什么。如果我们是杨树枝条，在春天就感到周身的鼓胀，像怀孕一样，生命中加一条生命。

说"春——天"，口唇吐出轻轻的气息，想到燕子墨绿的羽毛，桃花开放的样子，不说了。虽然人们在春天喜悦。我暗想又添了一岁生齿。不说了。

夏季

夏天在那边。

我感到夏天不是与冬季相对的时令，如棋盘上的黑白子。我知道夏天是怎么回事，它累了，如此而已。在四季中，夏天最操心，让草长高，树叶迎着太阳，蜜蜂到花蕊里忙活。刚到秋日，夏天就说：我不行了。

夏天是毛茸茸的季节，白日慵懒，夜里具有深缓的呼吸，像流水一样的女人穿着裙子。跟春天比，夏天一点不矫情也不调侃，走到哪里都是盛宴。

如果我是动物，就在夏天的丛林里奔跑，跑到哪里都可以，用喉音哼着歌曲，舌尖轻抵上颚，渴了就停下埋头饮泉水。啦——啦——啦，我认真地准备过一个夏天。

读与思

在作者笔下，春天让人们喜悦，但意味着"又添了一岁生齿"；夏天"一点不矫情也不调侃"，但是"最操心"；秋天"场院丰盈但四野凋敝"；冬天，"这个词说出来就凝重"。这些都是作者情感的反映，正如用有色眼镜看人，人也有了颜色一样。作者认为，"用读《论语》的眼光看秋天，它干净而简洁"，那么如果用读《红楼梦》的眼光、用读杜诗的眼光看秋天呢？用读《论语》的眼光看春夏冬呢？

练一练

1. 如果说夏天的特征是"最操心"，那么其他三季最突出的特色是什么呢？

_____

_____

2. 作者为什么不按"春夏秋冬"的顺序行文？

_____

_____

3. 下面这段话好在哪里？

总有一些叶子，深秋也不肯从枝上落下，是恋母情结或一贯高仰的品格。然而，当它们随着风声旋转落地时，人们总要俯首观看，像读一封迟寄的信。

_____

_____

写作启示

在作者眼中,四季就像一曲曲动听的歌、一首首美妙的诗。呈现在我们读者眼前的,也是一幅幅美丽的图画。这与作者饱含感情、细腻生动的描摹密不可分。你看,"桃花迟迟疑疑开了,半白半红。而没开的蓓蕾包着深红的围脖。连翘是春天的抢跑者,举着明黄的花瓣,堂皇招摇。若醒得早,会听到鸟儿在曦光里畅谈古今","河床满了,小鸟的羽毛干干净净,土地随时长出新的植物。虫子要为这些奇迹喊破嗓子,青蛙把肚子喊得像气球一样透明",当叶子终于"随着风声旋转落地时,人们总要俯首观看,像读一封迟寄的信"……这些句段,或运用修辞手法,或对比烘托,或精选传神的动词、形容词,或动用多种感觉器官,或动静结合虚实相生,写得有声有色,有味有情,极富感染力,值得我们好好借鉴。

妙笔生花

春天,诗一般的绚烂;夏天,火一般的热情;秋天,酒一般的醇香;冬天,水一般的纯洁。一年四季,你品味出怎样的特征?任选一个季节,以"_____的味道"为题,写一篇不少于600字的作文。要求抓住季节特征,多方位、多角度地细腻描绘,并融入自己的感情,以感染读者。

第六单元
辽阔天地

单元导读

"天苍苍，野茫茫，风吹草低见牛羊。"苍茫辽阔的景象让我们对草原充满憧憬。真实的草原生活是怎样的呢？"你勉力前眺，或回头向后眺望，都是一样的风景：辽远而苍茫。""草原上没有树，所以即使有风也听不到啸声。""草原静得好像时间都在打瞌睡。""草原的夜晚真黑。""人走到哪里，云追到哪里。"草原的黄昏"惊心动魄"，"看过牧区的黄昏比有钱更值得吹嘘"……读完本单元的文章，你一定会对辽阔草原有更深的印象、更多的感悟、更新奇的发现。

第 23 课　黄昏无下落

是谁在人脸上镀上一层黄金？

人在慷慨的金色里变为红铜的勇士，破旧的衣裳连皱褶都像雕塑的手笔；人的脸棱角分明，不求肃穆，肃穆自来，这是在黄昏。

小时候，我第一次感受悲伤是无意中目睹到黄昏。西方的天际在柳树之上烂成一锅粥，云彩被夕阳绞碎，在无边的火池里挣扎奔走，暮霭在滚金里面诞生俗艳的红，更离奇的是从红里变出诡异的蓝。红里怎么会生出蓝呢？它们是两个色系。玫瑰红诞生其间，橘红诞生其间，旋生旋灭。夕阳把所有的碎云熬成了汤，天际只横着一把笔直的金剑。

这是怎么啦？西方的天空发生了什么？我结结巴巴地问大人，那里发生了什么？大人瞟一眼，只说两个字：黄昏。

自斯时起，我得知世上还有这两个字——黄昏，并知道这两个字里有忧伤。我盼着观黄昏，黄昏却不常有，至少天际不老黄。多云天气或阴天，黄昏

问题破空而来，独立成段，引发思考。

第二段紧承第一段，具体写黄昏下"人"的肖像变化。

柳绿、滚金、玫瑰红、橘红等，色彩丰富。

第四段连发三问，表现了"我"的好奇、悲伤。"我"的"结结巴巴"与大人的"不屑一顾"形成鲜明对比。

就没了下落。我站在我家屋顶看黄昏，大地罩上一层蓝色，晴天的黄昏把昭乌达盟公署家属院的红瓦刷上金色，瓦的下檐有凸凹的黑斑。柳枝笔直垂下，如菩萨垂下眼帘。而红云有如在烈火中奔走的野兽，却逃不出西天的大火。太阳以如此大的排场谢幕，它用炽热的姿态告诉人们它要落山了，人们都习以为常，不过瞟一眼，名之"黄昏"。而我心里隐隐有戚焉。假如太阳不再升起，全世界的人会在痛哭流涕中凝视黄昏，每日变成每夜，电不够用，煤更不够用，满街小偷。

　　黄昏里，屋顶一株青草在夕照里妖娆，想不到生于屋顶的草会这么漂亮，红瓦衬出草的青翠，晚霞又给高挑落下的叶子抹上一层柔情的红。草摇曳，像在瓦上跳舞。原来当一株草也挺好，如果能生在屋顶的话，是一位在夕阳里跳舞的新娘。地上的草叶金红，鹅卵金红，土里土气的酸菜缸金红，黄昏了。

　　我在牧区看到的黄昏惊心动魄。广阔的地平线仿佛泼油烧起了火，烈火战车在天际穿行，在落日的光芒里，山峰变秃变矮。天空盛不下的金光全都倾泻在草地，一直流淌到脚下，黄牛红了，黑白花牛也红了，它们扭颈观看夕阳。天和地如此辽阔，我久久说不出话来，坐在草地上看黄昏，直到星星像纽扣一样别在白茫茫泛蓝的天际。

　　那时，我很想跟别人吹嘘我是一个看过牧区黄

照应标题。

比喻、拟人、对比，与第四段大人的表现相照应。

比喻生动。

比喻修辞，动静结合，具体表现黄昏景象的"惊心动魄"，为下文议论抒情做铺垫。

昏的人，但这事好像不值得吹嘘。什么事值得吹嘘？我觉得看过牧区的黄昏比有钱更值得吹嘘。那么大的场景，那么丰富的色彩，最后竟什么都没了，卸车都卸不了这么快。黄昏终于在夜晚来临之前昏了过去。

> 用拟人手法巧解"黄昏"，幽默睿智。

"我曾经见过最美丽的黄昏"，这么说话太像傻子了。但真正的傻子是见不到黄昏的人。在这个大城市，我已经二十六年没见过黄昏，西边的楼房永远是居然之家的楼房和广告牌，它代替了黄昏。城市的夜没经过黄昏的过渡直接来到街道，像一个虚假的夜，路灯先于星星亮起来，电视机代替了天上的月亮。我一直觉得自己身上缺了一些东西，原以为是缺钱、缺车，后来知道我心里缺了天空对人的抚爱，因为许许多多年没见到黄昏。

> 与牧区黄昏景象形成鲜明对比，饱含失落之情。

> 黄昏正是"天空对人的抚爱"。

读与思

你见过大城市的"黄昏"吗？西边是楼房和广告牌，路灯先于星星亮起来，电视机代替了天上的月亮。它压根就没有黄昏，从"下午"直接过渡到"夜晚"！你见过牧区的黄昏吗？天和地无比辽阔，云有如在烈火中奔走挣扎的野兽，柳绿、玫瑰红、橘红、金黄等，色彩丰富，最后，黄昏在夜晚来临之前一下子就昏了过去。你见过的黄昏是怎样的呢？

练一练

1. "黄昏"一词在文中具有丰富的内涵,请结合全文加以分析。

_____

_____

2. 文中作者对"黄昏"的情感是怎样发展变化的?

_____

_____

3. "夕阳无限好,只是近黄昏。"作者小时候也读出了"黄昏"二字的忧伤。他为什么而"忧伤"?

_____

_____

4. 为什么"我觉得看过牧区的黄昏比有钱更值得吹嘘"?

_____

_____

5. 文中有很多句子运用了比喻或拟人的修辞手法,显得准确生动。请结合一个例句具体赏析。

_____

_____

_____

_____

第 24 课　静默草原

谁有过这样的经历呢？

站在草原上，你勉力前眺，或回头向后眺望，都是一样的风景：辽远而苍茫。人难免为这种辽远而惊慌。

在都市里生活，或是寻访名山以及赏玩江南园林的人，都习惯这样的观察：眼光的每一个投射处，都有新景物可观，景随步移。

然而草原没有。

草原前瞻的时候，总是眯着眼睛。他们并非欲看清楚天地间哪一样东西，而是想在眼里装填一些苍茫。

城里的人大睁着眼睛看草原，因而困惑。草原不可看，只可感受。

脚下的草儿纷纷簇立，一直延伸到远方与天际接壤。这颜色无疑是绿，但在阳光与起伏之中，又幻化出锡白、翡翠般的深碧或空气中的淡蓝。

因而草原的风景具备了看不到与看不尽这两种

什么经历？一下子引起了读者的兴趣。

草原人和城里人对比："看"草原的方法不同，结果也不一样。

草原人要看的是"苍茫"，而"苍茫"是无形的，所以"草原不可看，只可感受"。暗扣标题，引出下文。

特点。

　　和海一样,草原在单一中呈现丰富。草就是海水,极单纯,在连绵不断中显示壮阔。

> 草原与大海对比,同中有异。

　　有一点与海不同,观海者多数站在岸边,眼前与身后迥然不同。草原没有边际。它的每一点都是草原的中心。与站在船上观海的相异处在于你可以接触草原,抚摸、打滚儿甚至过夜,而海上则行不通。

　　在草原上,辽阔首先给人以自由感,第二个感觉是不自由,也可以说局促。置身于这样阔大无边的环境中,觉得所有的拐杖都被收去了,所有的背景都隐退了,只剩下天地人,而人竟然如此渺小与微不足道。二十世纪哲学反复提示人们注意自己的处境,在草原上,人的处境感最强烈。天,果真如穹庐一样笼罩大地。土地宽厚仁慈,起伏无际。人在这里挥动双拳咆哮显得可笑,蹲下嘤嘤而泣显得可耻。

> 看似矛盾,细思有味。

> 在"起伏无际"的伟大自然面前,人不可妄自尊大,也不必在"宽厚仁慈"的土地面前悲痛绝望,要认清处境,适应环境。并列句式,具有节奏美。

　　外来的旅人,在草原上找不到一件相宜的事来做。

　　在克什克腾,远方的小溪载着云杉的树影拥挤而来时,我愿意像母牛一样,俯首以口唇触到清浅流水。当我在草原上,不知站着坐着或趴着合适时,也想如长鬃披散的烈马那样用颊摩挲草尖。

> 诗意的表达。

　　草原上没有树,所以即使有风也听不到啸声,但衣襟已被扯得飘展生响。我扯住衣襟,凝立冥

> 典故,增加历史的厚重感;表示放下前尘往事,洒脱地向前看。

想。关于克什克腾的一些旧事，譬如霍去病在狼居胥山立碑，康熙大战噶尔丹等一俱杳然无踪。

草原与我一样，也是善忘者，只在静默中观望未来。

> 最后一段照应标题，余味无穷。

读与思

《静默草原》将草原的壮美景象如画卷一般惟妙惟肖地铺展在了你的眼前，让你如临其境："站在草原上，你勉力前眺，或回头向后眺望，都是一样的风景。""这颜色无疑是绿，但在阳光与起伏之中，又幻化出锡白、翡翠般的深碧或空气中的淡蓝。""草原上没有树，所以即使有风也听不到啸声，但衣襟已被扯得飘展生响。"你是否会生出和作者一样的情愫？你是否又想起了泱泱大海、茫茫戈壁、浩浩沙漠、莽莽重山？

练一练

1. 如何理解草原"看不到"与"看不尽"这两种特点？

_____
_____
_____
_____

2. 如何理解下面两句话的含义？

（1）他们并非欲看清楚天地间哪一样东西，而是想在眼里装填一些苍茫。

_____
_____
_____

（2）草原与我一样，也是善忘者，只在静默中观望未来。

_____
_____
_____

3. 外来的旅人，在草原上找不到一件相宜的事来做。那么"我"在草原做什么？意义何在？

_____
_____
_____
_____

第25课　一辈子生活在白云底下

我离开老家好多年，有时遇到别人的探询：你老家什么样子？到处都是草原吗？

我答不上来，迟疑，不知从哪儿说起。

我迟疑，是由于草原没法描述，它宽广而且单一。草原静得好像时间都在打瞌睡，低头看，一朵小花微微摇摆，像与别的花对话，蚂蚱随人的脚步弹到半空。回头看，人的影子被拉出两米多长，这是早晨。躺在地皮上的老鸹草的蓝花在见到阳光之前还不肯开放。

说草原，谁都说不流畅，只有旅游者才会说出一些观感，就像说大海，怎样才能把海说清楚呢？给每朵浪花做上记号，便于你的讲述吗？海边的人说不清海有多少朵浪花，每朵浪花长什么样。像吉尔博特说的："希腊的渔人不到海滩嬉戏。"

草原在每个人心中不一样。对家在草原的人而言，它是故乡，而非旅游区。草原于我，是一团重重叠叠的影像。想到马，马在奔跑的马群里转身，

为什么"答不上来"？领起下文。

比喻、拟人，生动形象，突出了草原的静谧、安闲、优美，富有情趣。

首括句。

类比，有趣。

引用名言，丰富作品内涵。

鬃毛挡住偏向一旁的头颈。想起四胡，蒙古族人的英雄故事从四胡的弓弦声中款款而出。说书的屋子有漆黑、漂着茶梗的红茶缸，旱烟的雾气缭绕着牧人一张张倾听的脸。说书人惯用嘶哑的嗓音，像上不来气，医学称为呼吸窘迫或肺不张，而他有意如此，嘈杂的琴声接上他后半截的气。我想起冰凉的洋铁皮桶里的鲜牛奶；想起天黑之后草叶散发的露水的气味；想起饮水的羊抬头叫一声，嘴巴滑落清水的亮线；想起草原的夜晚真黑，人像被关在带盖的箱子里；想起马，桩子前雪青马的蹄子踏出新鲜的黄土。

连用"想到""想起"，具体写"我"对草原的印象，富有诗意。

这些记忆像解体的卫星碎片在大气层里茫然飞翔，没办法把它们组合成完整的故事。我能跟问我的人说这些事吗？别人听不懂。还有磨出好看花纹的榆木炕沿，漂在水缸里终年湿沥却不腐烂的葫芦瓢，小红蜘蛛正在房梁上拼命奔跑。

比喻、设问。

我读过一篇国外语音学家的文章，说结巴是因为元音和辅音急于一起冲出来，结果堵车，谁都出不来。我对草原的印象也像一个口吃者——印象的雪球堵住了大门。

本段类比，形象易懂。

今天我对草原的记忆只剩下一样东西——云。地上的事情都忘了，忘不掉的是草原无穷无际的云。骑马归家的牧人，挤奶的女人，背景都有云彩。清早出门，头顶已有大朵的白云，人走到哪里，它追到哪里。

老家的人一辈子都在云彩底下生活。早上玫瑰色的云，晚上橙金色的云，雨前蓝靛色带腥味的云。他们的一生在云的目光下度过，由小到大，由大到老，最后像云彩一样消失。云缠绵，云奔放，云平淡，云威严，云浓重，云飘逸，云的故乡在草原。在异乡，我见到的最少的就是云，城市灰蒙蒙的雾气屏蔽了云。偶见零散的白云，一看就是进城串门的乡下云。有一次，我跟大姑姥爷到林西县拉盐，我躺在牛拉的木轮勒勒车里睡觉。大姑姥爷突然停车，拉我起来看。我问看什么？他指着天：那两朵云彩打起来了，像摔跤一样。我看去，两朵云立在天边，如决斗。他坐下抽烟，乐。看云打架比看人打架文明。他跟我说话间，云没了，大姑姥爷很惋惜，把烟袋锅掖进裤腰带，连吐几口唾沫。那年我七八岁，他七八十岁。大姑姥爷跟猫狗说话，跟豆角说话。他曾说，每个死去的人都会被云接走。他告诉我望云要带敬意。云打架让他乐了，露出光秃秃的牙床，像掰开的西红柿一样。

> 排比修辞。
>
> 排比反复，整散结合，富有音乐美。
>
> 对比写"云"。
>
> 拟人修辞，准确生动。
>
> 细节描写，人物形象跃然纸上。

读与思

你爱看"云"吗?它们有的像羽毛,轻轻地飘在空中;有的像鱼鳞,一片片整整齐齐地排列着;还有的像峰峦,像河流,像雄狮,像奔马……可是,多数时候,"城市灰蒙蒙的雾气屏蔽了云。偶见零散的白云,一看就是进城串门的乡下云"。而草原,"云缠绵,云奔放,云平淡,云威严,云浓重,云飘逸",草原人"一生在云的目光下度过","最后像云彩一样消失"。读起作者的"记忆碎片",你是否羡慕草原生活?你又如何看待你当下的生活呢?

练一练

1. 作者从"草原"和"白云"两方面写自己的家乡,但题为"一辈子生活在白云底下","草原"部分是否写得太多了?

_____
_____

2. 第五段说自己"想到马……""想起四胡……"最后又说到"想起马……"是否显得杂乱无章?

_____
_____

3. 文章最后写"我"跟大姑姥爷到林西县拉盐,这是一个怎样的"大姑姥爷"?写这事有什么作用?

_____
_____

写作启示

　　本单元所选的文章，描写的对象是辽阔天空和辽阔大地。天空的白云，壮观的黄昏，"看不到"和"看不尽"的草原，怎么写？作者运用了对比的手法："在异乡，我见到的最少的就是云，城市灰蒙蒙的雾气屏蔽了云。""在这个大城市，我已经二十六年没见过黄昏，西边的楼房永远是居然之家的楼房和广告牌，它代替了黄昏。""有一点与海不同，观海者多数站在岸边，眼前与身后迥然不同。草原没有边际。""不怕不识货，就怕货比货。""不比不知道，一比吓一跳。"形象在对比中鲜明，情感在对比中彰显。

妙笔生花

　　生活中有很多很多的不同：老人和孩子，男人和女人，城市和乡村，山顶和山谷，大海和小河，夏天和冬天，白天和夜晚……请你尝试着运用对比手法写一篇文章，内容自选，题目自拟，600字左右。

第七单元
草原生灵

单元导读

感受了草原的辽阔天地之后，我们再把目光聚焦到草地上的生灵："凹地的青草"悄悄冒芽，但很快便会"四顾何茫茫，东风摇百草"。"粉色的嘴巴一生都在寻觅干净的鲜草"的羊，"干净得跟牧区的环境不协调。以羊羔的洁白，给它缝一个轿子也不为过"，它们无端地让人心里"生添怜意"，它们不至于在餐馆的厨工面前下跪。然后，草原还有别一种"风景"——"风吹草低见牛羊"的草原有一天竟变成了"空荡荡的虚无"，只剩下"坐地视天""其痛莫名"的胡杨！"众生皆有佛性，只是尔等顽固不化。"赏读本单元文章，你能悟到些什么？

第 26 课　羊的样子

"泉水捧着鹿的嘴唇……"这句诗令人动心。在胡四台,雨后或黄昏的时候,我看到了几十或上百个清盈盈的水泡子小心捧着羊的嘴。

羊从远方归来,它们像孩子一样,累了,进家先找水喝。沙黄色干涸的马车道划开草场,贴满牛粪的篱笆边上,狗不停地摇尾巴;这就是胡四台村,卷毛的绵羊站在水泡子前,低头饮水,天上的云彩以为它们在照镜子,我看到羊的嘴唇在水里轻轻搅动。即使饮水,羊仍小心。它粉色的嘴巴一生都在寻觅干净的鲜草。

生动地描写了一幅和谐美好的图景。

然而见到羊,无端地,心里会生添怜意。当羊孤零零地站立一厢时,像带着哀伤,它仿佛知道自己的宿命。在动物里,羊是温驯的物种之一,似乎想以自己的谨小慎微赎罪,期望某一天执刀的人走过来时会手软。同样是即将赴死的生灵,猪的思绪完全被忙碌、肮脏与浑浑噩噩的日子缠住了,这一切它享受不尽,因而无暇计较未来。牛勇猛,也有

猪、羊对比,突出了羊的温驯、灵性。

几分天真。它知道早晚会死掉,但不见得被屠杀。当太阳升起,绿树和远山的轮廓渐渐清晰的时候,空气中的草香让牛晕眩,完全不相信自己会被杀掉这件事。吃草吧,连同清凉的露珠。动物学家统计:牛的寿命为25年,羊15年,猪20年,鸡20年,鹰100年。这种统计如同在理论上人寿可达150年一样,永无兑现。本来牛羊可以活到寿限,它们并非像人那样因七情六欲破坏了健康。在人看来,牛羊仅仅作为人类的蛋白质资源而存在着。屠夫也从不计算它们是否到了寿限——像人类离退休那样有准确的档案依据。时至某日,它们整齐受戮,最后"上桌"。如果牲畜也经常进城,看到橱窗或商店里的汉堡、香肠和牛排之后,就会整夜地睡不好觉,甚至自杀,像上千只的鲸鱼自杀一样。另一些思路较宽的动物可以这样安慰自己:那些悬于铁钩上带肋的红肉,在馅饼里和葱蒜杂掺一处的碎肉,皆为人肉。因为人是这样多,又如此不通情理,他们自相食用。这样想着,睡了,后来有鼾。

"众生"是释迦牟尼常常使用的一个词。在一段时间内,我以为指的是人或鸟兽鱼虫。一次,如此念头被某位大德劈头问住:你怎么知道"众生"仅为鸟兽虫鱼与人类?你在哪里看到佛这样说?我不解,"众生"到底是什么呢?佛经里有一段话:"众生皆有佛性,只是尔等顽固不化。"所谓"不化"即不觉悟,因而难脱苦海。后来获知,"众生"

牛、羊对比,突出了羊的悲惨处境。

联想,丰富文章内容。

妙趣横生。

还包括草木稼蔬，包括你无法用肉眼看见的小生灵。譬如弘一法师上座时把垫子抖一抖，免得坐在看不见的小虫身上。可知，墙角的草每一株都挺拔翠绿，青蛙鼓腹而鸣，小腻虫背剪淡绿的双翅，满心欢喜地向树枝高处攀登，这是因为"众生皆有佛性"。即知，"佛性"是一种共生的权利，而"不化"乃是不懂得与众生平等。若以平等的眼光互观，庶几近于佛门的慈悲。

乡村的道上，羊整齐站在一边，给汽车马车让路。吃草时，它偶尔抬起头"咩"的一声，其音悲戚。如果仔细观察羊瘦削的脸，无神的眼睛，大约要得出这样的结论：这些生灵"命不好"。时常是微笑着的丰子恺先生曾愤怒指斥将众羊引入屠宰厂的头羊是"羊奸"。虽然在利刃下，"羊奸"也未免刑。黄永玉说："羊，一生谨慎，是怕弄破别人的大衣。"当此物成为"别人的大衣"时，羊早已经过血刃封喉的大限了。但在有生之年，它仍然小心翼翼，包括走在血水满地的屠宰厂的车间里。既然早晚会变成"别人的大衣"，羊们何不痛快一番，如花果山的众猴，上蹿下跳，惊天动地，甚至穿着"别人的大衣"跳进泥坑里滚上一滚。然而不能，羊就是羊，除非给它"克隆"一些猛兽的基因。夏加尔是我深爱的俄裔画家。在他笔下，山羊是新娘，山羊穿着儿童的裤子出席音乐会。在《我和我的村庄》中，农夫荷锄而归，童话式的屋舍隐于夜

调侃"认命说"。

以"微笑"反衬"愤怒"，突出头羊行为恶劣，令人反感。

猴、羊对比，突出了羊的温驯谨慎。

色，鲜花和教堂以及挤奶的乡村姑娘被点缀在父亲和山羊的相互凝视中。山羊眼睛黑而亮，微张的嘴唇似乎在小声唱歌。夏加尔常常画到羊，它像马友友一样拉大提琴，或者在脊背上铺上鲜花的褥子，把梦中的姑娘驮到河边。旅居法国圣保罗德旺斯的马克·夏加尔在一幅画中，画了挤奶的女人和乡村之后，仍然难释乡愁，又画了一只温柔的手抚摸画面，这手竟长了七个指头，摸不够。在火光冲天、到处是死亡和哭泣的《战争》中，一只巨大的白羊象征和平。在《孤独》里，与一个痛苦的人相对着的，是一位天使和微笑的山羊。夏加尔画出了羊的纯洁，像鸟、蜜蜂一样，羊是生活在我们这个俗世的天使之一，尽管它常常是悲哀的。在汉字源流里，羊与"美"相关，又与"吉"有关，如汉瓦当之"大吉羊"。从夏加尔27岁离开彼得堡之后70年的时光里，在这位天真的、从未放弃理想的犹太老人的心中，羊成了俄罗斯故乡的象征。在大人物中，正如有人相貌似鹰，如叶利钦；也有人像山羊，如安南，如受到中国人民包括儿童尊敬的越南老伯胡志明。宁静如羊的人，同样以钢铁的意志，带领人们走向胜利与和平。人不可貌相，富有哲理。

　　城里很少见到羊。我见过的一次是在太原街北面的一家餐馆前。几只羊被人从卡车上卸下来，其中一只，碎步走到健壮的厨工面前，前腿一弯跪了下来。羊给人下跪，这是我亲眼见到的一幕。另两只羊也随之跪下。厨工飞脚踢在羊肋上,骂了一句。羊哀哀叫唤,声音拖得很长,极其凄怆。有人捉住羊后腿,拖进屋里,门楣上的彩匾写着"天天活羊"。

"天天活羊"四个字极富讽刺意味,振聋发聩,令人深思。

后来,我看到"天天活羊",或"现杀活狗"这样的招牌就想起给人下跪的羊,它低着头,哀告。到街里办什么事的时候,我尽量不走那条道,即使有人用"你难道没吃过羊肉吗?"这样的训词来讥刺我。此时,我欣慰于胡四台满山遍野的羊,自由地嚼着青草和小花,泉水捧起它们粉红的嘴唇。诗写得多好,诗中还说"青草抱住了山冈","在背风处,我靠回忆朋友的脸来取暖"。还有一首诗写道:"我一回头,身后的草全开花了,一大片。好像谁说了一个笑话,把一滩草惹笑了。"这些诗,仿佛是为羊而作的。

为故乡的羊欣慰,为城里的羊伤悲,照应开头。

读与思

故乡的山，故乡的水，故乡的云……莫言说，"哪儿也没故乡好"。人是家乡好，连月也是故乡明。在鲍尔吉·原野的笔下，故乡的羊都是那么可爱："羊从远方归来，它们像孩子一样，累了，进家先找水喝。……卷毛的绵羊站在水泡子前，低头饮水，天上的云彩以为它们在照镜子，我看到羊的嘴唇在水里轻轻搅动。"但是，并非所有的羊都那么悠闲自在。作者将视线伸向了远方，他看到了马克·夏加尔画中的羊，看到了丰子恺、黄永玉眼中的羊，看到了乡村道上的羊，看到了餐馆前的羊，还看到了长得像羊的人……读之，如同一味清醒剂，让我们重新审视生活，思考生命的本真。

练一练

1. 从全文看，作者笔下的"羊"有哪几种"样子"？各有什么特点？

2. 第六段写在餐馆前看到厨工对下跪的羊施暴的一幕，有什么作用？

3. 从语言表达上看，作者文末引用的三句诗好在哪里？为什么作者说"这些诗，仿佛是为羊而作的"？

第 27 课　凹地的青草

　　春凌水漫过的丘陵地，冒出浅青草。春凌实为春天的洪水，带着冰碴，也带肥黑的土。土把这片丘陵地的沙子踩在脚底下，土好像自己身上带着草籽，在无人察觉间悄悄冒出芽。凹处的草芽尤其多，长得高。草像埋伏的士兵，等待初夏冲出去和草原的大部队会合。

　　我在河坝上走，看远处走过来一位羊倌。羊倌肩上背半袋粮食，肋下抱一个旧电视机，几只羊跟在他身后。我弄不清他到底在干什么，是领着羊上公社开会，还是拿旧电视机换羊。

生动幽默，为下文设伏。

　　三只大羊紧跟着羊倌，脸快贴到他裤子上了。羊好像身在城里的大街上，怕走丢了。从大坝上远望，漫一层河泥的丘陵连接天际，青草像被风吹去浮土露出的绿玉。

比喻手法，形象地表现了青草的颜色、质地。

　　唯一的小羊羔跟在大羊后面边走边嗅才钻出地皮的青草，似乎检查它们到底是不是一块玉。我觉得羊羔是牧区最可爱的动物。如果让我评选人间的

可爱，有趣。

天使，梅花鹿算一位，蜜蜂算一位，羊羔也算一位。羊羔比狗更天真，像花朵一样安静。它的皮毛卷曲，像童年莫扎特弹钢琴时所戴的假发。

真会联想！

羊羔嗅一嗅青草，跑开，去嗅另一片草。

引起下文。

草和草有不同的气味吗？人不明白的事情其实很多。青草在羊羔的嗅觉里会不会有白糖的气息、蜜橘的气息、母羊羊水的气息？不一样。羊羔不饿，它像儿童一样寻找美，找比青草更美的花。露珠喜欢花，蜜蜂喜欢花，云用飞快的影子抚摸草原上的花。纽扣大的花在羊羔的视野里有碗那么大，花的碗质地比纸柔润，比瓷芳香。花蕊是细肢的美人高举小伞。

类比，突出羊羔也喜欢花。

比喻生动。

早春的花还没有开，草原五月才有花。花一开就收不住了，像老天爷装花的口袋漏了，撒得遍地都是。一朵花在夜里偷着又生了十朵花。五月到六月，草原每天都多出几万朵花。鲜花你追我赶，超过流水。五月是羊羔最欢愉的时光。

小羊羔干净得跟牧区的环境不协调。羊羔站在牧人屋里泥土的地面，仿佛在等人给它铺一块织着波斯图案的地毯。以羊羔的洁白，给它缝一个轿子也不为过。

大羊走远了，凹地的羊羔还在低头看，好像读到了一本童话书，书上写着蚂蚁和蚯蚓的故事。大羊跟在羊倌后面跑，像怕羊倌把电视机送给别人。羊倌走过来。他裤脚用鞋带系着，戴一只滑稽的绒线帽子。我问：哪个村的？他回答：呼伦胡硕村。

妙趣横生。

细节描写，装束中显个性。

我问：扛着电视放羊啊？他答：从亲戚家搬个旧　　照应第二段。
的，安到羊圈里，让羊看看电视剧。

牧区常有像他这样幽默的人。

读与思

草原凹地的青草别有风味。它们"像被风吹去浮土露出的绿玉"；它们埋伏在凹处，时刻准备冲出掩体；它们身上或许还有"白糖的气息、蜜橘的气息、母羊羊水的气息"。比青草更美的是花，"花一开就收不住了"，"你追我赶，超过流水"。欣赏花草的是小羊，它们"像儿童一样寻找美"，好像在读童话书。可爱的还有羊倌……这样的草原你能不由衷喜爱吗？你能用这样优美的文字写写身边的美景吗？

练一练

1. 文中写羊倌的举动，用意是什么？
_____
_____

2. 文中很多语句富有表现力，请举一例进行赏析。
_____
_____

3. 作者写作时善于运用类比联想，增加文章的信息量，丰富文章的内涵。你能从文中找出一例来吗？
_____
_____

第28课　胡杨之地

我在四子王旗的速亥看到的不仅是胡杨林，干脆说看到了一个又一个悲泣的灵魂。

胡杨是树，但它跟树最不一样的地方是姿态如人。它们似互相搀扶、涉江而来的妇孺，像仰天太息的壮士，像为自己包扎伤口的士兵。我只想说它们"像"，或者说"是"有灵魂、有苦痛的人。我来到速亥的时候，正迎夕阳，落日把一腔英雄的块垒吐在这片寸草不生的荒沙上。胡杨树虬曲纠结，坐地视天，身子骨披一层滚烫的金红，让我想起罗丹那幅雕塑《拉奥孔》——一个壮硕的男子，与身上缠绕的蟒蛇搏斗，其痛莫名。

人见到松柏、垂柳，手抚其枝，并不会问"为什么"。松柏青青，垂柳依依，没什么可问"为什么"的，一切如常。可见了胡杨，真想问它为什么会这样。我想到了一个词——灵魂。胡杨树一定因为有灵魂，或者说有记忆而痛苦过，才有此态。

速亥，蒙古语为"红柳"，如今是白茫茫的沙

> 连用三个比喻，生动形象地写出了胡杨悲泣痛苦的姿态，胡杨是有灵魂的，饱含了作者的心痛之情。
>
> "吐"字用得好，反映了积压的块垒之厚重。
>
> 联想，增加形象性，丰富内涵。

地，谁也想不出它六十年前的样子。这里的人告诉我，从五十年代到七十年代，速亥人的主要工作是打黄羊。上级给牧民们发冲锋枪，用冲锋枪扫射黄羊；给县和公社干部每人定指标，打不到规定数目的黄羊要扣工资。速亥当年是怎样的植被？风吹草摆，不见牛羊，植被太茂密了。当年打过黄羊的老人说，速亥这地方黄羊多，它们集群飞跑，不少于几百只。不光有黄羊，还有蒙古野驴，有藏羚羊。老人说：你们不要认为只有西藏、青海才有藏羚羊，乌兰察布草原当年有很多藏羚羊。蒙古语管藏羚羊叫"奥仁嘎"。这个地方鸟啊，花啊多的是。当年这里是湿地。

> 插叙，对比，为下文议论做铺垫。

这个老牧人指着白茫茫的沙砾说"当年这里是湿地"，真的像痴人说梦。如今除了天上的云朵和地上的胡杨属于有形状的东西，其他皆为空荡荡的虚无。

> 实在令人无法相信，无法想象。

打死的黄羊呢？我问老人。

上级都拉走了，老人说。我们自己养牛养羊，从来不打黄羊。打死的黄羊变成了政治任务，肉和皮子都出口换汇了。我们整整打了二十年黄羊，现在什么野生动物都没有了。那些年，每天都有枪声。枪声停了，黄羊、鹤、野鸭子、兔子、狐狸，什么都没了。

我抬眼四望，速亥这地方在一个盆地里，是二连盆地的一部分，依靠的山叫大红山。可是，打光了黄羊，植物也不能都灭绝啊！

　　老人说，从八十年代开始，我们这儿又遭一劫——挖发菜。你想象不到有多少人到我们这里挖发菜，可以叫成千上万。从宁夏来的人，整列火车全都是挖发菜的人。我觉得全国的人都到这里挖发菜来了，黑压压的到处都是人。有人挖，有人收，有人运。运到东南亚一带。发菜这东西怪，这片地上午挖没了，落点雨，下午又长出来了。挖的人越来越多，最后变成这个样子。

　　老人说"这个样子"的时候，特别不情愿，声音迅速被脚下的沙子吸收。如果土地和天空也会死亡的话，就会是"这个样子"。这里的天空虽然高远，却毫无生气，与绿洲之上湿润的天空绝不一样。没有飞鸟、没有层层叠叠的雨云，这是一片失去了肌肤的天空。土地上只有沙子，连蜥蜴爬过的痕迹都看不到，见不到土，地已经死去很多年。今天的速亥，不要以为它籍籍无名，它名声大得很，早就传到了北京和天津等地，出现在专家们的文案里。速亥，现在成了京津风沙最主要的源头。这片地，每年不知向北京输送了多少沙尘。可谁还记得当年它堪比肯尼亚野生动物园的情景？谁还相信此前这里竟然是一块湿地呢？

　　假如黄羊有灵魂、灰羽鹤有灵魂，野兔、芦苇有灵魂的话，如今它们一起附体在胡杨树上。胡杨死去后为什么不倒？倒了为什么不烂？它实在是有

第28课｜胡杨之地

自然过渡到下文。

生命力如此旺盛，竟遭破坏至此，人们的疯狂可想而知！

反复、拟人。

连用两个反问句，愤激之情溢于言表。

设问，直抒胸臆，引发思考。

· 141 ·

话要说，是无数野生动物与植物的灵魂请它们保持苦痛控诉的姿态留在人间。有胡杨的地方，都是动植物们的受难地。差可欣慰的是，速亥至今还保持着一"怪"，下点雨，马上就长出绿茸茸的草。人们盼着这里多长草，快长草，一直长出黄羊来。

> 连用三个"长"字，生动贴切，充分表达出作者希望恢复速亥原貌的心情，突出主旨。

读与思

关于胡杨流传着一句话，叫作"胡杨三千年"。它们生下来千年不死，死后千年不倒，倒下去千年不朽，堪称"最悲壮的树"。胡杨为什么"悲泣"？为什么"不倒"？为什么"不烂"？原来它们在控诉。曾经"风吹草摆，不见牛羊"，如今每年不知向北京输送了多少沙尘；曾经黄羊"集群飞跑，不少于几百只"，如今和黄羊一道消失的还有蒙古野驴、藏羚羊、鹤、野鸭子、兔子、狐狸……你还知道哪些人类破坏环境的事例？如何阻止人们继续破坏环境？

练一练

1. 为什么说"我在四子王旗的速亥看到的不仅是胡杨林，干脆说看到了一个又一个悲泣的灵魂"？

_____
_____

2. 六十年前的"胡杨之地"和现在有哪些不同？为什么会有如此巨大的不同？

_____
_____

3. 最后一段说胡杨"它实在是有话要说",胡杨可能要说什么呢?

_____

_____

_____

写作启示

见到羊,联想到猪、牛、猴,甚至上千只自杀的鲸鱼;由草原上的羊,联想到乡村道上的羊、画家笔下的羊、城市餐馆前的羊;由羊联想到童年莫扎特弹钢琴时所戴的假发、"宁静如羊"的安南与胡志明;见到虬曲纠结的胡杨,想到互相搀扶、涉江而来的妇孺,仰天叹息的壮士,为自己包扎伤口的士兵,想起罗丹的雕塑《拉奥孔》……由于有了丰富的联想和想象,作者的笔如同拥有了双翼,文字飞翔了起来,灵动了起来,丰富了起来,深刻了起来。这无疑也是写作的一大诀窍。

妙笔生花

作文重在感悟和思考,它们甚至比观察更重要。生活中,你也经常见到花鸟虫鱼、猫狗鸡羊、梅兰竹菊、江河湖海、风霜雨雪……你是否也能写写它们的故事?谈谈由它们引起的感悟?记得运用联想和想象!

第八单元

河川沧海

单元导读

　　仁者乐山，智者乐水。灵动的江河湖海，悠悠地诠释着自然之道，无声地启迪人对生命的思考。不必说长江、黄河，也不必说西湖、九寨沟，它们赋予了无数人跃动的才思；即使一条无名小河的死去，也会让人感觉比丢了钱还痛苦。作者所思考的是：有一天，河流成了敛尸袋一般的河床的回忆，它一滴水都不见了，没人痛哭，更没人祭奠，罪人又是谁呢？河流也会疲倦，可是在村头歇一歇后便继续流向了远方，河的远方在哪里呢？布尔津河，你有青草、红柳、白桦树那么多那么好的兄弟姐妹陪伴，可是为什么还要流走？水化为雨，希望投身自由、舒服的大海，自然无可厚非，可是雨水进入大海之后为啥就不再想念陆地呢？这些是作者探究的问题，你又想问些什么？你能找到答案吗？

第 29 课　河床开始回忆河流

　　大地上的河床像一个干瘪的口袋，粮食没了，口袋显出宽阔。我在各地见到许多干涸的河床，它们不是耕地、不是广场，是从天边延伸而来的河床，只是没有水。

　　所谓一无所有，说的正是河床。如果有，也只有一些鹅卵石。夏天，不长庄稼不长草的土地是干涸的河床。乍见白花花的河床，心里惊讶，它是什么？它几乎什么都不是。你能相信一个宽阔的河流竟然一滴水都没有吗？在雨后，在盛水期见到干涸的河床让人不安，无法想象当年这里曾经有过河，可以用汹涌、清澈、波浪和白帆形容的河，它竟然没了。

　　对大自然来说，河没了，比人丢了钱更痛苦。如果河没了，鱼和水鸟的家也没了。两岸的青草没了，倒映在河里的星星也没了，因为星星不能倒映在石头上。如果河没了，连同河床一起消失是最好的。没有水，留下的河床好像是伤疤，是一条长长

比喻。

设问、反问。

对比。

再用比喻。

的干鱼的尸体。是的，干涸的河床如同尸体。是谁的尸体？是河的尸体吗？没听说河竟然还有尸体，水干了，白花花的河底只能是河的尸体。

干涸的河床好像在回忆，它抱着不应该拥有的沉寂回忆涛声和蛙鸣。河床回忆什么是水，它不知道水流到了什么地方，也不知道水会不会再来。当年水来的时候，匆匆忙忙走过河床，带来鱼虾和泥沙。水没等站稳脚跟歇息，就被后面的水挤走了，水比车站的人流更拥挤。河床从来没想过一条叫作河的水流会干涸，这种惊讶比一个朝代的更迭更让人吃惊。

> 拟人，生动地表现了往昔河水的湍急、喧闹、充满活力，饱含喜爱和怀念之情。
>
> 再用对比。

河床的悲哀是一个母亲的悲哀，她的产床上已经没有了孩子，她还在等待，并且哭干了泪水。一家外媒报道，从卫星上观察，中国境内二十年前约有五万条河流，现在这些河流中已经失去了两三万条。有两万多个河床母亲失去了孩子，她们怀里空荡荡的，等待人类把孩子还给她们。

> 何时还？能不能还？引发反思。

人说，人是无所不能的，起初我不相信。当我看到一条又一条干涸的河床时，我相信了这一点，并为自己作为人类的一分子而深感歉疚。人把河都消灭了，还有什么做不到吗？消灭一条河比建造（请原谅我使用"建造"这个词，这完全是人类爱用的词，而河流无法建造）一条河更容易。把河流上游的树木和竹林砍光，草原沙化，河就死了，只剩下河床这条敛尸袋。

当大街上出现一个带刀痕的死人时，警察会为这个人的死因搜寻原因，曰侦查破案，人类为此发明了一个词叫"人命关天"。如果一条河死了，没人破案，没人痛哭，更没人祭奠。所以，当中国死去两三万条河流时，人们并没觉得失去什么，因为他们不是小鸟不是青草。他们忍受气候变化并心安理得，却没一个人指认杀死河流的凶手。在所有的案件里，如果凶手不是一个人而是一个社会的时候，罪行自然会被赦免，我们都不是罪人。

> 排比，让人十分怅惘。

> 议论精辟，发人深思。

我们都不是罪人，我们劝自己欢乐并制造更多的欢乐。电视台从国外引进娱乐节目在媒体上操纵人们哭笑，让人保持人的正常情感。而河床敞开空荡荡的怀抱，她的孩子没有了，她以为人会惊讶，会替她找回孩子。先前的人类离不开河流，人类所谓的"文明史"都诞生于河流的两岸。看地图，人类的城市多建造于河边，中国有多少城市的名字带着水字旁。古时候，人祭祀河、景仰河，后来竟搞死了河。人爱说"算你狠"，搞死河者，何止于狠，是把事做绝了。

> 承上启下，顶真格式。

我觉得人类应该派一个人（比如政府官员）到河边告诉河床，河已辞世，水利术语叫断流。他们理应为河床献上一些祭品表达歉意，河的消失毕竟算是大事。或者，他们在河边装一个高音喇叭，日夜播放河水流过的声音和鸟啼声。总之，人应该为河的陨灭略微表示一点态度。

> 言近旨远。期待人们良心发现，表达歉意，不再麻木；呼吁人们担起责任，行动起来，保护河流。

读与思

曾几何时，人们因河而居，房屋因河而建，文明因河发源，城市因河发展；如今，河断流了，河床枯了，像一块巨大的伤疤，像一条长长的干鱼的尸体，像产床上没有了孩子的母亲，像一个干瘪的敛尸袋……甚至，河水发黑，垃圾遍布，臭气熏天。谁之罪？怎么办？让我们和河床一起回忆，和鱼虾一起痛哭，和作者一起思考。

练一练

1. 本文以"河床开始回忆河流"为题，有何好处？

2. 第二段中连用两个"竟然"，它们有什么表达效果？

你能相信一个宽阔的河流竟然一滴水都没有吗？在雨后，在盛水期见到干涸的河床让人不安，无法想象当年这里曾经有过河，可以用汹涌、清澈、波浪和白帆形容的河，它竟然没了。

3. 如何理解下面一句话的含义？

我们都不是罪人，我们劝自己欢乐并制造更多的欢乐。

4. 作者在文中的情感有着怎样的变化？

第 30 课　河在河的远方

对河来说，自来水只是一些稚嫩的婴儿。不，不能这么说，自来水是怯生生的，是带着消毒气味的城里人。它们从没见过河。河是什么？用"什么"来问河，什么也得不到。河是对世间美景毫无留恋的智者，什么都不会让河流停下脚步，哪怕是一分钟。河最像时间。这么说，时间穿着水的衣衫从大地走过。这件衣衫里面包裹着鱼、草和泥的秘密，衣领上插着帆，流向了时间。

河流览历深广。它分出一些子孙缔造粮食，看马领着孩子俯身饮水。落日在傍晚把河流烧成通红的铁条。河流走到哪里，空中都有水鸟追随。水鸟以为，河一直走到一个最好的地方。

天下哪有什么好地方，河流到达陌生的远方。你从河水流淌的方向往前看，会觉得那里不值得去，荒蛮，有沙砾，可能寸草不生。河一路走过，甚至没时间解释为什么来到这里。茂林修竹的清幽之地，乱石如斗的僻远之乡，都是河的远方。

李渔说："开卷之初，当以奇句夺目，使人一见而惊，不敢弃去。"此之谓也。因为自来水没有奔流的过程，没有河流深广的览历，也没有远方的目标，所以显得"稚嫩"。

河流并非赤条条地流向时间，而是外貌光鲜，富有内涵。此处既形象生动又富有哲理。

上下文紧密衔接。

整散结合，错落有致。

凡是时间要去的地方，都是河流的远方。

  河流也会疲倦，在村头歇一歇，看光屁股的顽童捉泥鳅、打水仗。河流在月夜追想往昔，像连续行军几天几夜的士兵，一边走一边睡觉。它伤感自己一路上收留了太多的儿女，鱼虾禽鸟乃至泥沙，也说不好它们走入大海之后的命运。也许到明天，到一处戈壁的故道，河水断流。那是一个无人知晓的地方，河流被埋藏。而河流从一开始就意气决绝，断流之地就是故乡。

拟人。

比喻、拟人。

  河的辞典里只有两个字：远方。远方不一定富庶，不一定安适，不一定雄阔。它只是你要去的地方，是明日到达之处，是下一站，是下一站的远方。

三个"不一定"，四个"是"，排比，突出河流不仅仅是"智者"，更是一往无前的"勇者"。

  常常的，我们在远方看到河流，河流看到我们之后又去远方。如果告诉别人河的去向，只好说，河在河的远方。

读与思

  子在川上曰："逝者如斯夫！"时间就像河流，"不舍昼夜"。鲍尔吉·原野说："河最像时间。"它从远方来，又流到远方去，川流不息。只是，河流"一路上收留了太多的儿女"，又"分出一些子孙缔造粮食，看马领着孩子俯身饮水"，时间它会吗？河流不会停下脚步，却可能断流，被埋藏，时间它会吗？

练一练

1. 作者是从哪几个方面写"河流"的?
_____
_____
_____

2. 文章要写的是"河",起笔却写"自来水",这样写有什么用意?
_____
_____
_____

3. "河的辞典里只有两个字:远方。"这句话有什么含义?
_____
_____
_____

第31课 布尔津河，你为什么要流走呢？

　　布尔津河像一张长方形的餐桌，碧绿色的台面等待摆上水果和面包的篮子。河水在岸边有一点小小的波纹，好像桌布的皱纹。

用比喻描绘出布尔津河的形状特点，想象奇特。

　　我坐在山坡上看这个餐桌，它陷在青草里，因此看不见桌子腿。这么长的餐桌，应该安装几百条腿或更多结实的橡木和花楸木腿。小鸟从餐桌上直着飞过去，检查餐桌摆没摆酒杯和筷子。其实不用摆筷子，折一段岸边的红柳就是筷子。现在是五月末，红柳开满密密的小红花，它们的花瓣比蚊子的翅膀还要小。这么小的花瓣好像没打算凋落，像不愿出嫁的女儿赖在家里。红柳的花瓣真的可以在枝上待很久，没有古人所说的飘零景象。

拟人，表现出小鸟有心有情。

比喻、拟人。

　　来会餐的鸟儿一拨儿一拨儿飞过了许多拨儿，它们什么也没吃到，失望地飞走了。有的鸟干脆一头扎进桌子里面，冒出头时，尖尖的喙已叼着一条银鱼。这就是河流的秘密，吃的东西藏在桌子底下。

照应首句，写此场景饶有趣味。

　　青草和红柳合伙把布尔津河藏在自己怀里，从外表看，它不过是一张没摆食物的餐桌。为了防止人或动物偷走这条河，红柳背后还站着白桦树。白桦树的作用是遮挡窥视者的视线。青草、红柳和白桦树每次看到藏在这里的布尔津河干净又丰满，心里就高兴，它们竟可以藏起一条河。但它们没想到，布尔津河一直偷偷往西流。表面看，河水一点没减少，仍像青玉台面的长餐桌，但水流早从河床里面跑了。假如有一天青草知道了布尔津河竟然一直在偷偷流，它一定不明白河水要流到什么地方去，还有比喀纳斯更好的地方吗？

> 点题，以青草的迷惑不解从侧面表现喀纳斯景区环境的优美。

　　青草喜欢这里，它不愿意迁徙的理由是河谷的风湿润，青草在风中就可以洗脸。青草身上的条纹每天都洗得比花格衬衣还好看。这里花多，金莲花开起来像蒺藜一样密集。这一拨花开尽，有另一拨儿花开。到六月，野芍药开花，拳头大的鲜艳的野芍药花开遍大地，青草天天生活在花园里。可是，布尔津河，你为什么要流走呢？

　　现在野芍药打骨朵了，像裂开的绿葡萄露出山楂的果肉。我用手捏了捏，花蕾的肉很结实，一个手指肚大的花蕾能开出碗大的花。我想把山坡的野芍药的花骨朵全都捏一遍，好像说我手里捧过百万玫瑰，（为了你，我舍得百万玫瑰——这是我昨天听华俄后裔张瓦西里唱的俄罗斯民歌）但我怎么捏得过来呢？把花捏得不开放怎么办？草地、悬崖上都有野芍药花。开在白桦树脚下的野芍药花一定最

> 以比喻、设问手法，调动视觉、触觉，运用联想、想象写野芍药花。唯有对草木饱含情感，才能问出这里的两个问题。

动人，它像一个人从泥土里为白桦树献花。

　　白桦树，你怎么看都像女的，就像松树怎么看都像男的。白桦的小碎叶子如一簇簇黄花，仔细看，这些黄花原来是带明黄色调的小绿叶子。能想象，它在阿勒泰的蓝天下有多么美，而它的树身如少女或修士身上的白纱。当晨雾包裹大地又散开后，你觉得白桦树收留了白雾。我甚至愚蠢地摸了摸树干，看了看自己的手指肚，又用舌头舔了舔——没沾雾，白桦树就这么白。既然这样，布尔津河，你为什么还要流走呢？

"摸了摸""看了看""舔了舔"，句式整齐。用全身去感受，所谓"愚蠢"，实乃"挚爱"。

　　有一天，我爬上了对面的山。草和石头上都是露水，非常滑，但我没摔倒。我的鞋是很好的登山靴，它根本没瞧得起这些草和石头上的露水。登上山顶，看到了我住的地方的真实样子。木头房子离河边不远，像狗窝似的。黑黑的云杉树如披斗篷的剑客，从山上三三两两走下来。更黑的那块草地并不是一片云杉长在了一起，那是云朵落在草地上的影子。

　　布尔津河在视野里窄了，像一条白毛巾铺在山脚下，也有毛巾上摆着圆圆的小奶球，有一些奶球连在了一起。它们是云朵，这是蒙古山神的早餐。云，原来还可以吃的，这事第一次听说。山神那么大的食量，不吃云就要吃牛羊了，一早晨吃一群羊？那还是吃云吧。雾从河上散开，一朵一朵的云摆在河上，山从雾里露出半个身子，准备伸手抓云

由"长桌"变为"毛巾"，与站位高了，河"在视野里窄了"相一致。

所谓"第一次听说"，恰是读者第一次听作者说。想象神奇美妙。

吃。昨晚下过雨，木制的牛栏和房子像柠檬一样黄。不一会儿，天空有鹰飞过，合拢翅膀落在草地上，想要抓自己的影子。野芍药下个月就开花了，山神早上在吃云朵，偷偷流走的布尔津河把这些事情告诉给了远方的湖泊。

> 描写细腻，生动表现了大自然的亲密和谐。

读与思

　　河流，我们都见过。你见过的河流长什么样？弯弯的河流，浅浅的河流，清澈的河流，湍急的河流……也许再加上几句：河里有活泼的鱼，河边有鲜嫩的草，河上有轻微的风，等等。作者笔下的布尔津河是怎样的面貌？它被青草和红柳合伙藏在怀里，但水流却偷偷地流到西边去了。偷偷流走的布尔津河告诉远方的湖泊，野芍药下个月就开花了，山神早上在吃云朵。读着这些美得让人心醉的句子，你是否很想去见一见美得让人心醉的布尔津河？你是否又开始重新审视起了你见过的那些河流？

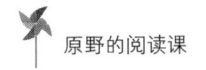

练一练

1. 关于布尔津河的"流走",作者问了哪三个问题?有什么作用?

2. 从第五段看,是哪两个原因让青草喜欢上了布尔津河?

3. 请赏析下面两句话。

(1)青草和红柳合伙把布尔津河藏在自己怀里,从外表看,它不过是一张没摆食物的餐桌。

(2)黑黑的云杉树如披斗篷的剑客,从山上三三两两走下来。

第32课　雨落大海

　　我终于明白，水化为雨是为了投身大海。水有水的愿景，最自由的领地莫过于海。雨落海里，才伸手就有海的千万只手抓住它，一起荡漾。谁说荡漾不是自由？自由正在随波逐流，"应无所住而生其心"。雨在海里见到了无边的兄弟姐妹，它们被称为海水，可以绿、可以蓝、可以灰，夜晚变成半透明的琉璃黑。雨落进海里就开始周游世界的旅程，从不担心干涸。

　　我在泰国南部皮皮岛潜泳，才知道海底有比陆上更美的景物。红色如盆景的珊瑚遍地都是，白珊瑚像不透明的冰糖。绚丽的热带鱼游来游去，一鱼眼神天真，一鱼唇如梦露。它们幼稚地、梦幻地游动，并不问自己往哪里游，就像鸟也不知道自己往哪儿飞。

　　人到了海底却成了怪物，胳膊腿儿太长，没有美丽的鳞而只有裤衩，脑袋戴着泳镜和长鼻子呼吸器。可怜的鱼和贝类以为人就长这德性，这真是误

开门见山，点题，设置悬念，激发兴趣，总领全文。

先反问，再引用《金刚经》，强调雨水在海中随波逐流是一种自由。

海水色彩丰富。

句式整齐，抓住鱼眼、鱼唇特点，简单两笔，绘出鱼的可爱。

鱼很自由，人很稚拙。

会。我巴不得卸下呼吸器给它们展示嘴脸，但不行，还没修炼到那个份儿上，还得呼吸压缩氧气，还没掌握用鳃分解水里氧气的要领。海底美啊，比九寨沟和西湖都美。假如我有机会当上一个军阀，就把军阀府邸修在海底，找我办事的人要穿潜水服游过来。海里的细沙雪白柔软，海葵像花儿摇摆，连章鱼也把自己开成了一朵花。

"连……也……"，突出海底实在美妙。

上帝造海底之时分外用心，发挥了美术家全部的匠心。石头、草、贝壳和鱼的色彩都那么鲜明，像鹦鹉满天飞。上帝造人为什么留一手？没让人像鸟和鱼那么漂亮。人，无论黄人、黑人、白人，色调都挺闷，除了眼睛和须发，其余的皮肤都是单色，要靠衣服胡穿乱戴，表示自己不单调。海里一片斑斓，上帝造海底世界的时候，手边的色彩富裕。

雨水跳进海里游泳，它们没有淹死的恐惧。雨水最怕落在黄土高坡，"啪"，一半蒸发，一半被土吸走，雨就这么死的，就义。雨在海里见到城墙般的巨浪，它不知道水还可以造出城墙，转瞬垮塌，变成浪的碉堡、浪的山峰。雨点从浪尖往下看，谷底深不可测，雨冲下去依然是水。浪用怀抱兜着所有的水，摔不死也砸不扁。雨在浪里东奔西走，四海为家。

对比，拟人。

雨在云里遨游时，往下看海如万顷碧玉，它不知那是海，但不是树也不是土。雨接近了海，感受到透明的风的拨弄。风把雨混合编队，像撒黄豆一

比喻、拟人，想象新奇。

样撒进海里。海的脸溅出一层麻子，被风抚平。海鸥在浪尖叼着鱼飞，涛冲到最高，卷起纷乱的白边。俯瞰海，看不清它的图案。大海没有耐心把一张画画完，画一半就抹去另画，象形的图案转为抽象的图案。雨钻进海里，舒服啊。海水清凉，雨抱着鲸鱼的身体潜入海水最深处，鱼群的腹侧如闪闪的刀光，海草头发飞旋似女巫。往上看，太阳融化了，像蛋黄摊在海的外层，晃晃悠悠。海里不需要视力，不需要躲藏。水是水的枕头和被褥，不怕蒸发，雨水进入大海之后不再想念陆地。

在云里往下看海→接近海→钻进海里→往上看，立足点在变，视角也在变，景象跟着变。

比喻，形象地说明了海是雨温暖舒服的家，表达了雨对自由美好生活的向往。当然，进入了大海的雨最终还会回到陆地。

读与思

说起大海，我们想到的很可能是"苍茫""浩渺""辽阔""碧波万顷""水天一色""深不可测""惊涛拍岸"诸如此类的形容词。但是，你有没有想过，从"雨水"的角度观察大海，看到的将是怎样的景象？它们"从不担心干涸""没有淹死的恐惧"，水是"枕头和被褥"……由于写作角度的转换，大海在我们面前别开生面，别有洞天。那么，如果以鱼虾、海鸟、泥沙、贝壳、舰船的角度看海，结果又会如何呢？

练一练

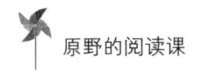

1. 作者说"水化为雨是为了投身大海",那么雨为什么要"投身大海"?

2. 作者分别从"我"的视角和"雨"的视角写海,他们各看到了哪些景物?

3. 本文运用了哪些表现手法?有什么表达效果?

写作启示

本单元所选的文章，内容上均指向"水"：雨水、河水、海水。语言风格上，体现了鲍尔吉·原野的一贯特色。你看："河床的悲哀是一个母亲的悲哀，她的产床上已经没有了孩子，她还在等待，并且哭干了泪水。"——细腻，深情。"时间穿着水的衣衫从大地走过。这件衣衫里面包裹着鱼、草和泥的秘密，衣领上插着帆，流向了时间。"——雅洁，睿智。"它们是云朵，这是蒙古山神的早餐。云，原来还可以吃的，这事第一次听说。山神那么大的食量，不吃云就要吃牛羊了，一早晨吃一群羊？那还是吃云吧。"——质朴，生动。"海底美啊，比九寨沟和西湖都美。假如我有机会当上一个军阀，就把军阀府邸修在海底，找我办事的人要穿潜水服游过来。"——朴实，幽默。用个性化的语言，反映个性化的思考，这就是新颖的文章，就是独特的风格，就是耐读的经典。

妙笔生花

江河湖海，小溪，山泉，潭水，水流的形态多种多样。有的令人心驰神往，有的令人流连忘返，有的令人恐惧震撼，有的令人感慨万千，有的令人忧愁伤感。景区的也好，身边的也罢，你能选择其中的一条或一种，谈谈你的观察所得吗？注意写出你的文采来。题目自拟，不少于600字。

第九单元 万物有灵

单元导读

　　众所周知，人是灵长类动物，最有智慧；而在作家笔下，花鸟虫鱼，山川草木，都有生命，皆有人情，都氤氲着时光的灵动和美好：海边裸岩上的野菊花，勇敢地对海风说"不"，它们悉知悬崖孤松的心境，有一副松树的情怀；松塔里的松子不知自己去哪里，但更盼望登上山巅，体味最冷、最热的气温，在大风和贫瘠的土壤里活上五百年；藤想知道泉水从什么地方流出，野果边上有没有刺猬的洞，它在悬崖上爬上爬下，把阵线搞乱，没有哪一棵树像藤这么胡闹；墙的眼睛细长，它在风里眯着眼睛，打量过往的羊群、骆驼队、独狼和流浪的人，它很想像狗一样扑上去围着家人转上几个圈儿；在昼日，钟声是西装尚新、皮色半旧的男人，边走边想心事……尊重生命的灵气，还原自然的纯粹，与万物共情共鸣，这样的文字，值得我们共读，并一读再读。

第33课　山菊花

沿着浩瀚的海面，风从千里万里跑来。

磊落的石壁被它所看不清的风撞晕了，身上却没有伤痕。山回头看风，风的身体透明。云是什么？那是风奔跑时的呼吸。

山扎根海边，比内陆的峰岭更简约、结实，也更黑，跟渔民差不多。它身上没有一点浮夸的饰物，啰唆零碎都被风吹走。山眼前，海浪像卷心菜层层叠叠地开放。山的背后是山的背篓，里面的草木大棵如罗汉松，小片是山花野草。

如果把这座山看成一条鱼，脊背这一侧草木葱茏，另一侧裸岩光洁。

——光洁的石壁上开着花，一片又一片的野菊花。

这不是做梦。假如去福州的东京山顶峰一游，此景顷入眼底。在被海风劲吹的疏阔的山坡上，野菊花片片开放。

平地的野菊花，每株可以长几十个、上百

> 拟人，风之大可想而知。想象奇妙。

> 比喻新奇。

> 山的正面背面环境迥异，植被也完全不同。

个花苞。东京山的野菊每株只开一朵花，叶子也精简到两片。

野菊花紧紧贴在山坡上。它用了多大力量才在这里生长？如果是人，早跑到了避风的地方。东京山的菊花对海风说："不！"

说"不"的花有钢铁般的力量。什么叫搏斗？什么叫坚持？它们都知道。

野菊放射炫目的黄，像大桶的颜料洒在褐色石板上。也如梵高的向日葵，葵花聚合强烈的日光……

看到这片花，我本想说"心疼"，而后收回了这个词。它们一定不允许我使用这个貌似温情的词。大自然不需要温情也没有温情，生命体把美和力量裹在了一起。

在野花的种属里，只有它们见过海浪，仰面接受赤裸的太阳的照耀，它们悉知悬崖孤松的心境，有一副松树的情怀。

山顶上，我不忍采集如此顽强生长的花。曾想采一束送给那些吃苦如饴、面朝大海的人们，他们虽然吃苦，虽然卑微，却长在临风的山梁。

设问，引起思考；对比、拟人，突出野菊花生命力的顽强。

联想想象，使文章内容更充实，描写更形象，更能突显野菊花的形象。

哲理性强。高度概括了野菊花的形象特征。

"想采"而"不忍采"，均是敬重的表现。借物喻人，咏物抒情。

第33课 | 山菊花

读与思

菊花，生活中随处可见。"冲天香阵透长安，满城尽带黄金甲。""满园花菊郁金黄，中有孤丛色似霜。"可是，这些都是生长在城中、园中的菊花，享尽人间恩宠。福建东京山顶峰的野菊花，待遇截然不同。它们紧贴在光洁的石壁上，面对浩瀚的海面，接受着狂风的洗礼，依然片片开放。尽管"每株只开一朵花，叶子也精简到两片"，但它们懂得"什么叫搏斗""什么叫坚持"，仍然"放射炫目的黄"。此情此景，"我"怎么想？你又怎么想？

练一练

1. 第一至四段并没有写到"野菊花"，是否纯属多余？

2. "我"为什么"曾想采一束送给那些吃苦如饴、面朝大海的人们"？

3. 有人评价鲍尔吉·原野笔下的文字干净、雅致、生动、平白如话，在简朴中追求着深邃，在美的意境中蕴含着哲理。你能结合文中的句子做简要分析吗？

· 165 ·

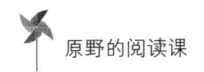

第34课 松塔

松树像父亲，它不光有朴厚，还有慈父情怀。松树的孩子住得比谁都好，小松子住在褐色精装修的房子里，一人一个房间，人们管它叫松塔。

松塔与金字塔的结构相仿，但早于金字塔。人说金字塔的设计和建造是受到了神的启发，而松树早就得到过神的启发。神让它成为松树并为子孙建造出无数房子——松塔。

在城里的大街上见到松树，觉得它不过是松树。它身上的一切都没有超出树的禀赋。如果到山区——比如危崖百尺的太行山区——峭岩上的树竟全都是松树，才知松树不光"岁寒，然后知松柏之后凋也"，凋不凋先不说，只觉得它们每一株都是一位圣贤，气节坚劲，遍览古今。

或许一粒松子被风吹进了悬崖边上的石缝里，而石缝里凑巧积了一点点土，这一点土和石头的缝隙就成了松树成活五百年的故乡。事实上，被风吹进石缝里的不光有松子，各个种类的树籽和

亦庄亦谐。

"故乡"一词有情味。

草籽都可能被风吹进来，但活下来的只有松树和青草，而活得卓有风姿的只剩下松树。

松树用根把石缝一点点撑大，让脚下站稳。它悬身高崖，每天都遇到劲风却不会被吹垮。我想过，如果是我，每天手把着悬崖石缝垂悬，第一会被吓死，第二是胳膊酸了松手摔死，第三是没吃的东西饿死，第四是被风成木乃伊。而松树照样有虬枝，有凛凛的松针，还构造出一个个精致的松塔。

"吓死""摔死""饿死"，与松塔的"稳"迥然不同。

松塔成熟之后降落谷底——以太行山为例——降落几百上千米，但松子总有办法长在高崖，否则，那崖上的松树是谁栽的呢？这里面有神明的安排。神明可能是一只鸟、一阵风，让松子重返高山之巅成为松树，迎日月升降。

照应"神的启发"，松树如有神助。

每一座松塔里都住着几十个姐妹兄弟。原来它们隔着松塔壳的薄薄的墙壁，彼此听得见对方梦话和打鼾。后来它们天各一方，这座山的松树见到另一座山的兄弟时，中间隔着深谷和白雾。

生活气息浓郁，喜爱之情充溢于字里行间。

像童话里说的，松子也有美好的童年。第一是房子好，它们住楼房，这种越层的楼房结构只有西红柿的房间堪与媲美。第二气味好，松树家族崇尚香气，它们认为，大凡万物，味道好，品质才会好。于是，它们不断散发出清香，像每天洗了许多遍酒精油的热水澡。松子的童年第三好的地方是从小见过大世面。世间最大的世面不是

照应开头"褐色精装修的房子"。

出席宴会，而是观日出。自曦光初露始，太阳红光喷薄，然后冉冉东升。未见其动，光芒已遍照宇宙，山崖草木，无不金光罩面，庄严之极。见这个世面是松树每天的功课，阳气充满，而后劲节正直，不惧雨打风吹。松树于草木间极为质朴，阳气盛大才质朴，正像阴气布体才缠绵。阳气如颜真卿之楷书，丰润却内敛，宽肥却拙朴。松树若操习书法，必也颜体矣。

一系列四字短语，笔墨酣畅，凝练工整。

见解独到。

松塔里垒落着许多房子，父母本意不让兄弟分家，走到哪里，手足都住同一座金字塔形的别墅。但天下哪有不分家的事情？落土之后，兄弟们各自奔走天涯。它们依稀记得童年的房子是一座塔，从外观看如一片片鱼鳞，有点像菠萝，更像金字塔，那是它们的家。小时候，松子记得松树上的常客是松鼠，它仿佛在大尾巴上长出两只黑溜溜的眼睛和两只灵巧的手。松鼠经常捧着松塔跑来跑去。

照应第七段。

连用三喻。

月光下，松塔"啪"地落地，身上沾满露水。整个树林都听到松塔落地的声音，它们在房子里炸开了，成为松子。从此，松子开始天涯之旅，它们不知自己去哪里，是涧底还是高山，这取决于命运的安排。它们更盼望登上山巅，体味最冷、最热的气温，在大风和贫瘠的土壤里活上五百年，结出一辈一辈的松塔，让它们遍布群山之巅。

虽掌握不了命运，却打小便有一颗奋进搏斗的心。

读与思

"遥远山上松,隆冬不能凋。"说起松树,人们首先会提起"岁寒,然后知松柏之后凋也"。然而,松树不仅"后凋",还早于金字塔,在被风吹进石缝的各类树籽草籽中,"活下来的只有松树和青草,而活得卓有风姿的只剩下松树",这是多么让人肃然起敬!松树不仅"可敬",还"可爱","有虬枝,有凛凛的松针",更有"一个个精致的松塔"。它们"如一片片鱼鳞,有点像菠萝,更像金字塔",是"精装修"的"别墅"呢!你可以想象,松子兄弟们度过的是多么美好安逸的童年!你是否也能把你喜欢的物件写得如此引人入胜呢?

练一练

1. 作者写的是"松塔",但用很多笔墨写了胎儿时期的松树(松子)和成熟后的松树。这些松树具有哪些特点?

2. 为什么说松子拥有一个"美好的童年"?

3. 作者在文中表露了对松塔怎样的感情?

第35课 藤

藤不是树不是根，又似根似树。树直立，根在地下爬行。藤选择做一根藤，是植物里的龙蛇。

藤是植物里的猴子，它想去一切地方。藤想知道泉水从什么地方流出，野果边上有没有刺猬的洞。藤在悬崖上爬上爬下，把阵线搞乱，没有哪一棵树像藤这么胡闹。树像士兵一样站在哨位，一辈子没往前走过一步。

藤直不起腰，它需要挂在什么东西上。藤做的事情叫作借力。它认为所有的地方都是肩膀。它拍过石头、树和草的肩膀，然后向上爬。藤好奇心重，想知道高处有什么，想知道高处的高处还有什么。藤编织了森林里的蛛网。

藤被庄子的故事吓住了：树越成材越近刀斧，树一旦丰厚挺直就成了床，供人坐榻，成了桌椅板凳和皇帝的案子，树不读书也被迫充当书架。藤是明白人，树成了材也不过是大立柜，变成夹肉的筷子自己却吃不着。藤以不材自喜，它要做

为什么"选择做一根藤"，耐人寻味。将"藤"比作"龙蛇"既形似（长而柔，蜿蜒绵长），又神似。

比喻，相互牵连，密密麻麻。

庄子行于山中，见大木"以不材得终其天年"；出于山，见故人之雁"以不材（不能鸣）死"。庄子曰："周将处乎材与不材之间。"

一个山野流浪汉，东奔西走，居无定所，就这么办了。

藤不开花，它情愿寒碜，像穿褐色雨衣的药农。在雨里，藤的衣衫像石头一样黑湿黏滑。植物开花，只是一个富贵的梦想。花开过，花瓣被风揪走、被流水偷走，花记不住自己到底有几个花瓣。开花的树多少有一些矜持，像做家务的男人，更像粉墨面世的梅兰芳。藤没有开花的基因，算球，不开就不开。藤假如开了花，必定妖邪，像身怀杂种的茨岗女人。藤把开花的力量变成皮革般的纤维，坚韧可拔。

日本这个地方国小藤多。他们建立户籍制度时国人无姓，阿三阿四。官令民有姓，民取"田、山、松、井"等山野事物作姓，缀以状态助词"中、上、间、下"。也有"藤"，藤野、佐藤不是一根藤。山多藤就多，平地有草没有藤。日本的藤是造床材料、造桥材料，藤条抽人疼。

中国的文人画里，写藤见到笔墨功夫。毛笔先天适合写藤，藤之老劲虬顽，以墨之滞迟枯涩应对之。黄宾虹说，笔做什么？分明。墨做什么？融洽。黄宾虹把笔墨最上境界称为"融洽分明"。他的画语录常说笔法，"笔分八面"是黄宾虹的标志性言论，但他的画最好的地方仍在墨法，茂朴华滋，显示黄墨的神力。有画家研究黄宾虹一辈子，不知他做哪一种皴法，我说黄宾虹山水无

口语化的表述，再现了藤内心的决定。

比喻，对比。开花的树与开花的藤判若云泥。

皴法。他问是何法，我说不告诉你。画藤也无皴，见清楚笔法，所谓线。朱耷画荷茎与藤何其相似，只是墨性不同。毛笔的线——齐白石称运笔要迟，石鲁的线却飞快——在画藤时显出疾徐枯润，显示毛笔的霸蛮，齐白石说毛笔可夺天工。一般画家不画藤，也画不了藤，他怕别人说他在画蛇或画井绳。徐渭是墨藤祖先，其藤怒而刚烈。齐白石的藤显露金石章法。藤在文人画里上了厅堂，化大野为大文。文人画的藤叛逆，臣服朝廷的人肯定不画藤。藤在笔墨之间不止纠结，是不求纠结纠结自来。大师的墨藤肚子里有火，是身在江湖不屑江湖，是好纸好墨，是不皴，是仿家画不来的黑道道。藤是国画里的美人。

　　就这样，艺术远离着生活。在所谓生活里，藤变成屁股下的椅子，被屁熏得油汪汪的黄。藤是蛮人孟获的盾，是西南少数民族孩子上学路过的桥梁，是供养苔藓、昆虫的共生体。森林里，藤比树烂得慢，它属于筋一类炖不烂的东西。藤是高加索山民采野蜂蜜的梯子，它见过无数采蜜人摔进山谷。

側面写藤。

側面写藤。

由"身怀杂种的茨岗女人"转为"美人"，先抑后扬。

由文人画中的藤过渡到"生活中的藤"，略写。

第 35 课 | 藤

读与思

藤,司空见惯,似根非根,似树非树,怪状奇形。有人形容它"翻下来,腾挪上去,再翻下来,再腾挪上去"。看似不起眼的藤,身上却有诸多故事,背后竟有诸多学问。作者以戏谑的笔调写藤的"胡闹""借力""好奇心重""以不材自喜""情愿寒碜"等特点,联想到日本人的姓、文人画中的"藤"、生活中的"藤"等,兴之所至,笔随意走,在信手拈来、随意而谈中表现深邃的思想。站在植物园中,面对一株株生灵,你是否也能"深得其心"?

练一练

1. 作者笔下的"藤"是怎样的形象?

2. 开头为什么把藤比作"龙蛇"和"猴子"?

3. 第七段叙写文人画里的藤,有何作用?

4. 都说"艺术反映生活",作者在文末为什么说"艺术远离着生活"?

第36课 墙

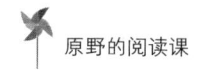

命运选择那些土垒在一起，堆为泥墙。它们的躯体就是它们的肩膀，它们没有四肢，只有肩膀。

泥土肩抗自己的兄弟，对垒雨、对垒北风、对垒最强大的敌人——时间。风拿这些土已经没什么办法，它们是墙。

北方有望不尽的墙，它们是院子的边界，是房的框架。灰白色的墙被风刮走了皱纹，墙是村庄最老的老人，是家的外壳。

我去过的一些遗址，如辽上京、准噶尔汗国故城，那里一无所有，却留存着当年的墙。所谓断壁残垣说的也是墙。人早没了，繁花胜景没了，屋顶没了，却有墙。它们是一些低矮、毫不起眼、凸起于地面的泥土屏障，但非土丘，而是墙。在好多遗址，砖垒和石垒的城垣瓦解了，砖石没了踪影。土墙依旧在，长在大地里，土与地的联系比砖石更紧密。

我觉得墙上长着眼睛，没有一堵墙不在向外

墙的外形十分特别。

排比，写墙的团结、顽强。

墙也是遗址上仅存的老人。

看、向里看。荒野上的人远远看见一处院落时,院墙和屋子的墙早就看到了你。就像藏在草丛里的动物早就看见在道路上行走的人。墙的眼睛细长,它在风里眯惯了眼睛。它打量过往羊群、骆驼队、独狼和流浪的人。墙认识自己的家人,它虽然不能动,却想像狗一样扑过去,围着家人转上几个圈儿。

　　房子上有墙的眼睛,看人度过几辈子。墙看到孩子在炕上翻滚成大人,看他们在炕上拉屎撒尿,吃饭喝粥,娶妻生子,数钱吃肉,然后卧病蹬腿。墙看到的人是炕上的动物,像人看羊圈里的羊。墙看人在土屋里高兴、流泪、讲理和不讲理,看见人在欲望里轮回,既相信真理又依赖愚昧。房子不过是四堵墙,用木头和泥巴做屋顶挡住夜空和雨水。开窗射进光线,开门出入家人。人垒起这四堵墙就不愿意拆掉,墙窒碍了人的脑子。他们把好东西搬进来,把钱放在炕席底下。垒墙的人不如住帐篷的人自由。帐篷的墙是毯子和布的帐幔,在风中鼓动。墙僵硬,墙与时光死磕到底,墙被人扒了屋顶和窗户还是墙。墙的土一旦当上墙就再也长不出庄稼,开不出花朵,吸收不了水分,不再与季候一道度过立春、雨水、惊蛰与清明。墙年纪轻轻就成了老人,墙只会站立,墙做的事情是阻挡。

　　墙是一堵干燥的泥巴所宣示的领地,墙里墙

比喻。

墙与家人关系亲密,它保护了家人,也圈住了家人。

墙见证一代人甚至几辈人的生死。

明写墙,实写人。

外裁定财产与情感的归属。墙怎么能建立一个家？人的心念从这堵干燥的泥中穿来穿去，干燥的泥没办法让人心安稳。墙让流动变成静止，让目光停留在土上。人年轻时都有过拆墙的念头，年老了都想把墙加高。墙是人所需要的泥土的皮肤，人待在自己家里，穿着墙的皮肤入眠。人一方面盼望自己的思想如水一般自由流动，另一方面筑立更多的墙把自己与他人分开。仰视一座摩天高楼，想不出楼里有多少堵墙。人们在一堵堵墙里悲欢离合。人的终生伴侣是什么？不是人，而是墙。人类最早广泛应用的发明是墙而非其他。

> 年轻时开放，年老时保守。
> 人是矛盾的统一体。

乡村的墙头是鸟儿和小猫的乐园。小猫在墙头袅袅行走，俯瞰下界，不让君王。鸟儿成排站立墙头创造风景。我尤怜惜那些墙头的青草，命运让它们在这里生存，得到最少的雨水，迎接更多的风。墙头草觉得自己是勇敢的卫士，为主人看家护院。青草从来匍匐于地，而墙头草高出地面五尺。人把墙头草当作坏词使用完全是强词夺理，草随风势伏偃乃自然之道，怎么是机会主义？用自然现象比附人是语言的通病。

> 本段描写乡村墙头的猫、鸟、草，表现作者情感倾向。

信息时代拆除了什么？它在拆一切墙。有人看到了他平时看不到的东西，有人暴露了他不想暴露的东西。墙不仅是疆域领地，墙还是等级和智愚的分野。人弄不清自己脑子里有多少堵墙，人一边拆脑子里的旧墙，一边建新墙。在许多情形下，墙就

> 拆了墙就拆了秘密。
> "墙"的思想根深蒂固。

是强——强权、强大与强势。东欧旧政权解体后，人们推倒柏林墙绝不仅仅是一个象征。互联网是人类历史上最大的拆墙手，它把墙的强大化为粉末。失去墙既失去阻隔，也失去庇护。墙是立于眼前的四壁，墙将永久存在，它是伟大的分类法，是秩序与安全岛，墙是囚禁，墙是红杏的梯子。

> 网络时代迅速瓦解了诸多隔阂和壁垒。
>
> 总结全文，内涵丰富。

读与思

　　墙，有形无形，各种各样。对垒雨，对垒北风，对垒最强大的敌人——时间。院子的边界是围墙，房子的框架是围墙。围墙上有墙头草，围墙上长眼睛，阻挡了外人，保护着家人。冷脸的围墙，让你形单影只；无知的围墙，使人孤陋寡闻。泥土的围墙，寿命长过砖垒石垒的城垣；混凝土、铁丝网加固的柏林墙，被人们一夜推倒；互联网更是人类历史上最大的拆墙手。人啊，一边拆旧墙，一边建新墙，年轻时拆墙，年老时固墙。墙，真是说不清，道不明。你有哪些关于墙的故事、墙的联想、墙的思考？

练一练

1. 结合本文内容,谈谈你对"墙"的理解和认识。

2. 赏析下面这句话。

墙看到孩子在炕上翻滚成大人,看他们在炕上拉屎撒尿,吃饭喝粥,娶妻生子,数钱吃肉,然后卧病蹬腿。

3. 如何理解文末这句话的含义?

墙是立于眼前的四壁,墙将永久存在,它是伟大的分类法,是秩序与安全岛,墙是囚禁,墙是红杏的梯子。

第37课 钟声

在音乐中，离生活最近的是钟声。换句话说，在生活与劳动产生的音响里，唯有钟声可以进入音乐。

人常常把钟声当作天籁，它悠扬沉静，仿佛是经过诗化的雷声。在城市上空，在由于烟尘环绕而使太阳一轮金红的晨间，钟声有如钢琴的音色，让半醒的奔波于途的人们依稀回忆起什么。像马斯涅的《泰依斯沉思曲》，不是叙说，而在冥想。人们想到钟声也刚刚醒来，觉得新的一天的确开始了。在北方积雪的早晨，钟声被松软的、在阳光下开始酥融的雪地吸入，余音更加干净。有时候想，倘若雪后之晨没有钟声，如缺了些什么。索性等待，等钟声慢慢传过来。这就像夏日街上的洒水车驶过，要有阳光照耀一样。

钟声可亲，它是慢板。它的余音在城市上空回荡，比本音更好听，像一只手，从鳞次栉比的屋舍上拂过，惊起鸽子盘旋。如果在山脚听到古寺传来

> 雪后之晨，若没有钟声，显得清冷单调。

> 此时的钟声悠扬、沉静、干净。

> 通感手法用视觉感受描述声音。

的钟声，觉得它的金属性被绿叶与泉水过滤得有如木质感，像圆号一般温润，富于歌唱性。当飞鸟投林，石径在昏暝中白得醒目之际，钟声在稀薄的回音中描画出夜的遥远与清明。在山居的日子里，唯一带不走的，是星星，还有晚钟。

在晚钟里，星星变大了。每一声钟鸣传来，星星一激灵，像掉进水里，又探出头。那么，在天光空灵的乡村之夜，光有星星而无钟声，也似一种不妥，像麦子成熟的季节，没有风拂积浪一样。

如果用人群譬喻，钟声是老人，无所谓智慧与沧桑，只有慈蔼。那种进入圆融之境的老人其实很单纯，已经远离谋划，像老橡树一样朴讷，像钟声这么单纯。自然，这是晚钟，是孩子们准备了新衣和糖果，焦急等待的子夜的钟声。在昼日，钟声是西装尚新、皮色半旧的男人，边走边想心事。总之，随你怎么想，钟声都能契合人的心境。

一个没有钟声的城市，是没有长大的城市。在喧杂之上，总应该有一个纯和的、全体听得到的静穆之音。

钟声可亲，富有金属性、歌唱性。

"带不走"者，余音袅袅也。

紧承上文。

空灵的乡夜若没有钟声，就显得沉寂。

钟声如老人般慈蔼，老人如钟声般单纯。

读与思

"钟鼓催朝暮,千年如此同。"晨钟醒来,新的一天也就开始了。"姑苏城外寒山寺,夜半钟声到客船。"这钟声就让人难以入睡了。"钟声何太急,断送旧年华。"这晚钟还代表了一年的结束。"万籁此都寂,但余钟磬音。"余音袅袅的钟声是回荡在人们心灵深处的天籁之音。由此可见,钟声是多么重要!"一个没有钟声的城市,是没有长大的城市。"雪后之晨需要钟声,"就像夏日街上的洒水车驶过,要有阳光照耀一样";天光空灵的乡村之夜需要钟声,就像麦子成熟的季节,要有"风拂积浪"一样。如此不可或缺的钟声,作者是如何描绘的?那么,泉声、涛声、鸟声、蛙声、风声、雪声等又可怎样形容?

练一练

1. 文章是从哪几个方面描绘钟声的?

2. 第一段有哪些丰富的含义?

3. 为什么说"一个没有钟声的城市,是没有长大的城市"?

写作启示

本单元文章所涉及的内容，有的有生命，如野菊花、藤，有的则是非生物，如墙、钟声。但在作者笔下，它们竟然都有思想、有感情、有灵魂、有境界、有格局。其实这些都是作者的想象，是作者情感的反映、心灵的投射，是作者在咏物抒情，借景说理。仔细观察，把握事物特征，融入思考，渗透情感，你也能写出这样的美文。

妙笔生花

飞沙走石的风、争妍斗艳的花、洁白无瑕的雪、温柔皎洁的月、怪石嶙峋的山、波光粼粼的水、变幻莫测的云、蜿蜒曲折的路、唧唧啾啾的鸟、枝繁叶茂的树……大自然充满灵性，充满神奇。你能读懂这些自然万象的心思吗？凝视它们时，你触发了怎样的神思？又发现了什么？请选择一种景物，借鉴本单元的文章，写一篇"咏物抒情"的文章。文题自拟，600字左右。

第十单元
艺术之美

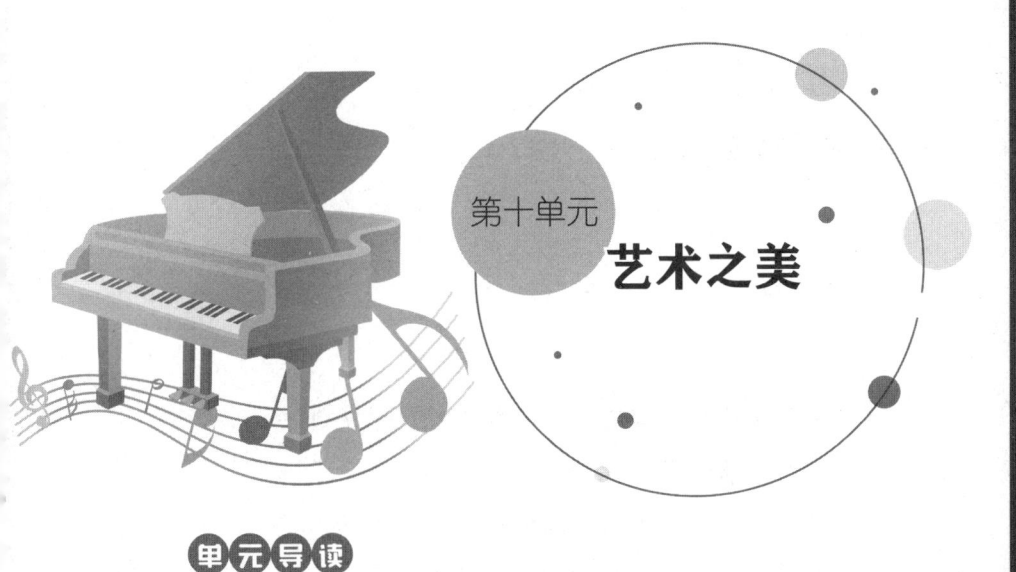

单元导读

　　梅兰竹菊，琴棋书画，生活不只有吃饭睡觉，还有艺术。每件艺术品都是艺术家表达情感、"诠释生活与哲理"的产物。詹姆斯·拉斯特改编的乐曲里，"无论是对往昔的回顾，对世事的前瞻，都与我的心性契合"，这是在和作曲家对话，无疑是一种高级的享受。读冯至的《我们有时度过一个亲密的夜》，思考"'我们'是谁，'过去'和'将来'又在说什么？谁在'亲密的夜'"，这是在和作家对话，无疑也是一种高级的享受。鲍尔吉·原野对艺术有怎样的领悟？你会不会和艺术交流呢？

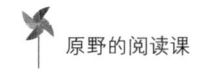

第38课 我等过你

　　这几年，我的心境与詹姆斯·拉斯特乐队的曲子很贴切，成为生活中可以称为幸福的事情之一。我听了他的几十张唱片，聆听时怀着憧憬与犹疑，听过已在心里装下了充实，像从森林里归来的孩子兜里揣满松果一样。

比喻句形象生动。

　　人与音乐的契合，委实是可遇而不可求的难事。作曲家与演奏家从来都是独裁者，按他们自己的方式诠释生活与哲理。听者只能用声音——唯一的传导符号来体味它背后的无限丰富。当然，伟大的音乐家也由此产生，即让自己作品引起大多数人共鸣的音乐家的诞生。希特勒酷爱瓦格纳，无数善良的人同样喜欢瓦格纳，因为瓦氏伟大。风烛残年的贝多芬，耳朵全聋了，仍执意指挥《第九交响曲》。这是令乐人为难的事，但又得配合。贝多芬眼盯着乐谱，手臂僵舞，他的耳朵里静悄悄的。乐人小心瞟他的手势，他们明知贝氏听不见，但生怕拉错一个音符。乐曲结束了，全场掌声潮起。穿着燕尾服的维也纳人起立鼓掌，眼里漾着热泪。他们尤为结尾《欢乐颂》这一为人类祈祷的乐思感染。贝多芬依旧木然，女高音卡洛琳·婉格只好以不礼貌的方式，抓住他的衣袖，指一指观众席。步履蹒跚的老贝慢慢转过来，认真地注视着观众少顷，尔后鞠躬致谢。

还是回到詹·拉上面。说到贝多芬，我总有一种冲动的心情，就像说到苏格拉底这样的圣者一样。我只是说，他们作品的伟大，像辘轳把的绳子一圈挨一圈紧密绕在人格的圆木上。詹·拉没有贝多芬那么伟大，至少现在还没有人这样说。他只是一个乐队的组织者和指挥家。他所做的是把所有好的音乐作品加以改编，从古典乐曲片段到流行电影插曲。在编配与气质上，使之具有独一无二的詹姆斯·拉斯特的风格。

他是通俗乐人，但典雅悠然富于沉思性。他本质上是古典的，但还不至于像曼托瓦尼那样远离电声乐器。对弦乐的迷恋，则是这两位大师共同的特征。在詹·拉那里，无论是对往昔的回顾，对世事的前瞻，都与我的心性契合。一种漫不经心的中庸之美，这里没有令人眼湿的激情。譬如说描写爱情，其感人处如脚下激起的细碎浪花，瞬间变幻而消隐，更多强调潮音与涛声，没有兜头的狂澜。

在照片上，詹姆斯·拉斯特，这位德国不来梅的老头，唇髭整齐，灰白的金发很长，背梳发型亦整齐，下颏的胡须剪得很好看。他表情带着宁静明朗的

对比论证，通过与曼托瓦尼的对比来突出特征。

照应开头第一句。

外貌描写，烘托人物"典雅悠然富于沉思性"的个性。

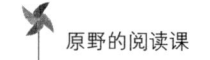

笑，脸膛是古铜色的。

最初听到詹·拉是朋友王家俊的介绍。王从骨子里是个鉴赏家，每日听音乐与读书，尤钟爱《读书》杂志。他推荐的第一盘带子是詹·拉的《火鸟》。从那之后，我陆续收集。

詹姆斯·拉斯特是我心中默默信赖的人，就像信赖瓦尔登湖边的梭罗一样。他使我这个没受过很好的音乐教育的人，渐渐理解了许多西方古典乐曲，得以同大师进行儿童与巨人式的沟通。我感谢他。　　言辞谦逊。

听老詹，在他的曲子里，我悟出典雅、开阔与不避俗亦为文章之道。在这些纷纷如落叶的乐声里，我寂寞地写着自己的文章。许多时候，环顾左右，只有老詹乐声相伴。　　由此及彼，升华主旨。

还说什么呢？南非诗人乔科写道："我只能说我等过你。"　　用设问句总结全文，引用诗句增加韵味，回应标题。

读与思

你爱音乐吗？你懂音乐吗？贝多芬说："音乐是比一切智慧、一切哲学更高的启示，谁能参透我音乐的意义，便能超脱寻常人无以自拔的苦难。"这也正是许多人喜欢贝多芬音乐的原因。而贝多芬的作品"引起大多数人共鸣"，这又正是贝多芬成为"伟大的音乐家"的原因。作者虽然"没受过很好的音乐教育"，但他走进了音乐的殿堂，喜欢上了贝多芬，喜欢上了詹姆斯·拉斯特，使生活拥有了幸福。不仅如此，作者也从老詹的乐曲中悟出了文章之道。那么，你听音乐时又有何感受呢？

练一练

1. 文章的标题为"我等过你",根据文章内容,作者等来了什么?

_____
_____
_____

2. 文章谈欣赏詹姆斯·拉斯特的乐曲,为什么有不少文字提到贝多芬?

_____
_____
_____

3. 下面这段话有何表达效果?

譬如说描写爱情,其感人处如脚下激起的细碎浪花,瞬间变幻而消隐,更多强调潮音与涛声,没有兜头的狂澜。

_____
_____
_____

4. 文中对"詹姆斯·拉斯特"除了称呼全名外,还用了哪些不同称呼?用意是什么?

_____
_____
_____
_____

第 39 课　我们有时度过一个亲密的夜

标题这句话是冯至的一首诗。这首写于一九四一年的诗颇值得玩味。

"我们有时度过一个亲密的夜
在一间生疏的房里，它白昼时
是什么模样，我们都无从认识
更不必说它的过去未来。"

诗人以"有时"开头，把"我们"和"夜"写在一起，添加神秘感，仿佛说情侣。往下读，觉出是说房子，或旅舍。冯至在写"它"，而不是"我们"。

旅舍，很少有人记述旅舍。谁还记得旅舍的模样？大的小的，坐落在各地的旅舍，人们曾住过。

我也想一想旧日的旅舍。

这些旅舍如做过的梦一样记不起来了。即使把记忆坐标放在只去过一次的城市，也想不起那个住过的房间。是的，冯至说房间，而没说旅馆的外貌或大堂。

我去过一次成都，记不得房间，只记得起旅馆

开篇解题，交代标题的由来。

剖析冯至诗中的用词，引出下文的"旅舍"。

的门朝向东南。印象深的，是街上一人给另一人掏耳朵。在其他城市，如果街上没人掏耳朵的话，我将很快忘记它的模样。顺德和东莞，慈溪和金华，四平和公主岭在外貌上有多大区别？走马观花，觉得它们差不多。中国的城市正在趋同，这是互相学习的结果，像操场上做操的学生，大同小异。

> 本段通过举例，突出"中国的城市正在趋同"，失去特色。

细心的旅行者，或者说真正的旅行家不是过客，而是住客，住在流动的家。他们像冯至一样体味以及从远处观赏旅舍，这样才对得起旅行或者说光阴。

我拼命回忆旅舍，哦，想起北京站附近一间客房的情形，我住过三个月。房间除了床之外，还有一张长方形的桌子，铺着绿色桌布，适合召开作战会议。还有一间客房（忘记是哪个城市）洗手间白瓷面盆靠近身体部分的小洞长出一株苗（像豆苗），我从镜子里发现。是什么人，为了什么，把一粒种子放进这个洞里？我看了半天，豆苗从幽深的洞里趋光而出。心里默念它不要再长了，免得被下一位好事的旅客拔掉。在邮局，我曾把一只在玻璃上折腾得灰头土脸的蜜蜂用大信封兜住，送进200米外的花丛。我想把这棵豆苗拔下栽进楼下的土里，试了试劲儿，它不愿出来。

> 豆苗的坚持和旅客的流动形成对比。幼小豆苗顽强的生命力令"我"感动，但其命运使"我"担忧。描写"我"的心理，语言细腻真切。

去年在伊尔库斯克，住在中国人统一下榻的旅馆。房子小，但窗外吹进来的风有森林的香味。我不期然想起冯至这首诗，顺着背了下来，此诗第二

> 善良、爱心体现在平凡的小事中，举手投足中。

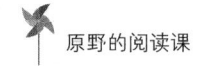

段是——

"一望无际在我们窗外展开
我们只依稀地记得在黄昏时
来的道路,便算是对它的认识,
明天走后,我们也不再回来。"

那一刻,我觉得冯至好像来过伊尔库斯克,在贝加尔湖边游吟。"五四"的人们哪儿都去过。我仔细看这间房子——假设冯至当年住过这里——宽大的木制窗台上乳黄色的油漆已经裂缝,冯至来时还像镜子一般光亮。窗外有一条河,男女嘁嘁声从枝叶摩擦声中传来,月亮得意地在水面仰泳。冯诗第三段是:

"闭上眼吧!让那些亲密的夜
和生疏的地方织在我们心里
我们的生命像那窗外的原野。"

拥有一份平静的心态,尽情地享受当下。"织"字用得好。

不幸的是,我当时没闭眼,一直是雪花的电视机屏幕出现普京的画面。他无表情中带一些负疚的表情,不换气说了一大段话,像台词一般,转身走出门外。普京总统走路,右臂摆动,左臂不动,不知这是什么习惯。总之,我的思绪被迫与冯至分开,好像他并没来过这里。

神态、动作描写,寥寥数语,刻画人物入木三分。

冯至最后写道:

"我们在朦胧的原野上认出来
一棵树、一闪湖光,它一望无际,
藏着忘却的过去、隐约的将来。"

读到这里，觉得他写的并不是房子，是原野。那么，"我们"是谁，"过去"和"将来"又在说什么？谁在"亲密的夜"？

这首诗写出六十多年了，那么遥远又那么亲近。虽然读过说不出什么，却要说它真是好诗。疑问是不必要的，冯至知道一切，但我们失去了询问的机会。

人们认为这是"民国最美的十首情诗"之一。

好诗像登上黄山顶峰，在大铁链上锁一把黄铜锁，"咔嗒"，锁死了，把钥匙丢入深涧。深涧下，堆着像山一样的钥匙。

读与思

"采菊东篱下，悠然见南山。""莫道桑榆晚，为霞尚满天。""一水护田将绿绕，两山排闼送青来。"……在我们悠悠几千年的文化里，从来不缺诗和远方的浪漫。你会读诗吗？书读百遍，其义自见；诗读千首，其境自有。读诗的过程是感知和欣赏美的过程，也是展开想象的翅膀读心的过程。"从日常的境界里，体味出精微的哲理"的现代派诗人冯至的诗怎么读？鲍尔吉·原野领着我们解读了冯至写"原野"的一首"十四行诗"——《我们有时度过一个亲密的夜》。你又会如何解读这首诗呢？

练一练

1. 文末作者自问，冯至诗中的"它一望无际，藏着忘却的过去、隐约的将来"，这"'过去'和'将来'又在说什么？"你觉得冯至的这句诗是什么意思？

_____
_____
_____
_____
_____

2. 下面这句话好在哪里？请赏析。

窗外有一条河，男女喁喁声从枝叶摩擦声中传来，月亮得意地在水面仰泳。

_____
_____
_____
_____
_____

3. 如何理解结尾一段话的含义？

_____
_____
_____
_____
_____
_____

第40课　写作让人活两辈子

　　写作会改变一个人，这是众所周知的道理。这里说的"改变"，不是它使一个人由代课教师变成文联主席这种地位上的变化。我是说心灵，作为一个诚实的劳动者的写作，会发现内心出现一条通向远方的道路。走过去，你会变成另外的人。

　　写作使人谦逊。世上让人骄狂的事情很多，小时候我记得，有个人穿了双皮鞋就很骄狂。事实上世上每件事都会让某些人骄狂。这就像某种人吃了某种药一定会过敏一样。何止皮鞋？权力、声誉、豪宅、出国、打保龄球，甚至有人当一次右派要在文章中写二百遍，这不也是骄狂吗？我老婆说卖肉和卖西瓜的，一般比较狂妄。可是为什么卖肉或卖西瓜的就易生妄心呢？手里有刀，以及眼前血红？有一些生存方式容易把人变成无赖。但你在一片丰饶的田野上，看不到一个骄狂的农人。农人在劳作与休息的时候都是谦逊的，换言之，创造者易于谦逊。除了上帝之外，女人、工匠与农人，以及作家

举例论证很多人容易骄狂。

有些人容易变成无赖，而农人等创造者会生出敬畏之心，会谦逊。

都是创造者。面对着时间,面对着无尽,人像孩子一样生出敬畏之心。写作让我们感到生活的广阔,感到你在生活中的位置。我常常感到我由于写作而变得像小蚂蚁一样勤勉和认真,像小蚂蚁一样充满欢喜地做每一件事。我感到街坊邻居都喜欢我的朴素、强壮和单纯。他们甚至用这样的话来赞扬我:"你根本不像写东西的人。"他们所欣赏的本真与谦逊,恰恰是写作所带来的。

连用四个"感到",句式整齐和谐。

"我"写作,所以"我"谦逊。

  写作使人善良。什么工作常常思考人的命运?法官?算命的人?作家?从近来披露的新闻中得知,法官决定人的命运,但并不思考人的命运。算命者不决定人的命运,却天天思虑。两者实际离人的命运很远。而作者面对的是命运的血肉。有时候,我感到天下哪有什么好人坏人,当你看清命运之手,对所谓"坏人"反生可怜之心。一个作家在多年的写作之后仍然不是一个人道主义者,证明他走在了错误的道路上。如果在一种酝酿已久的写作中我们仍然不能了解人的宝贵、人的脆弱、人的向善的天性以及人对恶的诱惑的向往,特别是对人的信心,也证明他走在了错误的道路上。我已经很久不用"善良"这个词了,因为这是一种特定境遇的形容词,不能够也不应该被广泛使用。上帝善良吗?许多事情不是善良与不善良的问题。但写作使人善良,作家比别人更能感受人间的不公平而带来的痛楚。他们是在白天和黑夜始终警醒社会的

朴素的语言,深邃的思想。

对作家"善良"的认识独到而深刻。

神经。如果我们要求治国大师应该坚强，教师应该渊博，铁路信号员的视力应该良好的话，作家应善良。对中国下一代的读者而言，比尖锐明敏更需要的是温厚仁慈，这对国人性格是一种救治。下一世纪初，中国更需要泰戈尔、托尔斯泰、川端康成和米斯特拉尔。

写作使人朴素。差不多所有的劳动都使人朴素。农人对着麦子的表情与歌星对着观众的表情肯定不一样，前者更平静、实际，更美。写作不是开炮，一拉引绳便有震耳效果。它是一点一滴的劳动的积累。在这种积累中，他已经有可能把时代与命运、把遭遇与梦想、把荣耀与付出进行过不止一次的权衡，生活的繁华使写作者感到朴素更适合于自己。朴素的人更容易感受到美。

在将近五十年的时光中，写作在中国已经不是一条通向高官厚禄的道路，至少已经开始如此了。它作为一项心智活动更接近于纯粹。在写作中，无论苦难或忧伤，所经历的一切在流露笔端之前，在内心再一次经历一遍。所谓谦逊善良朴素都是这种经历的结果之一，它使我感到活了两辈子，原来的悲喜都没有浪费。而且它使我在品格方面比过去更好了一些，这是过去所没想到的。在这种意义上，写作与修道仿佛。对我来说，谨此，仅此。

照应开头第二句。

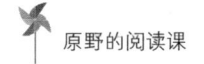

读与思

"立身以立学为先，立学以读书为本。"阅读的重要性，是明摆着的。写作呢？德国作家海塞说："没有什么比沉浸在创作的欢乐与激情中挥笔疾书更美、更令人心醉的事了。"法国文学家罗兰说："写作是一条认识自己，认识真理的路，你只要喜欢写，应该随时动笔去写。"古罗马诗人普罗佩提乌斯说："我之所以写作并不是由于天才的冲动，而是为了舒缓爱情的烦恼和哀诉人生难以消除的痛苦。"中国作家鲍尔吉·原野则说："写作让人活两辈子。"他们的体会是否有相通相近之处呢？根据你自身的写作经历，你又如何理解写作的意义？

练一练

1. 标题"写作让人活两辈子"是什么含义？

2. 根据文章内容概括回答：写作如何"改变一个人"？

3. 如何理解下面这段话的表达效果？

农人对着麦子的表情与歌星对着观众的表情肯定不一样，前者更平静、实际，更美。写作不是开炮，一拉引绳便有震耳效果。

写作启示

　　本单元所选都是谈艺术的文章。艺术品是艺术家观念感受的自我表达，不同的人欣赏相同的艺术品会有不同的感受。因此，欣赏艺术要反映欣赏者的个性和素养。听詹姆斯·拉斯特的乐曲，作者领悟到其中"一种漫不经心的中庸之美"，想到贝多芬，想到梭罗，想到曼托瓦尼；读冯至的诗，作者感受到"男女喁喁声从枝叶摩擦声中传来，月亮得意地在水面仰泳"，想起成都的街头，想起北京的客房，想起普京；说到写作，作者认为"写作使人谦逊，写作使人善良，写作使人朴素"，还聊起保龄球，聊起法官和算命的人，聊起铁路信号员。在我们谈论艺术的时候，你是否也能做到视野开阔，思路纵横？

妙笔生花

　　站在苏轼的《黄州寒食帖》前，你会惊叹吗？面对毕加索的《格尔尼卡》，你会悲愤吗？听到贝多芬的《命运交响曲》，你会激动吗？捧起诸葛亮的《出师表》，你会潸然泪下吗？参观秦陵兵马俑，你会感慨万千吗？请你选取一件喜欢的艺术品，谈谈你的感受，充分反映你的艺术素养。题目自拟，不少于600字。

参考答案

第一单元 童真童趣

第1课　月光手帕

1.①交代了故事发生的时间、地点；②"陪床的人并没有床可睡"，为下文"我"在楼梯间发现小姑娘的可爱举动做铺垫；③渲染了宁静而又有些许不安的气氛，在陪伴病人的间隙，女孩能有一颗发现美的可贵的心，这样的环境烘托了小姑娘宁静的心境。

2.示例：世俗的人被生活所累，所以用世俗的眼光看生活，关注到的往往是生活中的不如意、不美满，这样就难以发现生活的浪漫和诗意。这句话是作者的反思、自嘲和对小女孩的赞美，希望人们在生活中能保持一份纯真。

3.示例："新的想法"指的是希望老天成全小姑娘，让小姑娘不因"我"的注意而缩手，最终能"把这块'手帕'捡起来，抖一下"。其中包含了作者的祝愿，祝愿小姑娘能实现人生美好的愿望，不至于丢失心中的那份"生机"和"空灵"。

第2课　雪地贺卡

1.李小屹：天真无邪，纯真善良，充满幻想。"我"：好奇心强，童心未泯，充满爱心。

2.示例：李小屹在出神地思索：雪人为什么还不回信？是我问雪人他是不是假的因而生气了吗？难道这事真是假的？那幕后又是谁呢？他为什么要这么做呢？雪人你能不能开口告诉我？

3.童年秘密是童趣中特别珍贵的一部分。因为幻想，因为好奇，孩子有许多可笑的动作，有许多大人不解的快乐秘密。拥有这些秘密，使孩子的世界丰富多彩，也使他的成长充满情趣。所以说带有秘密的童年是幸福的。

4.示例：作者"不回"的初衷是希望呵护李小屹美好的心灵，不忍心真骗了她，更不忍心因说出真相而中断了她正在"上演"的动人故事；但我觉得这样做未必有效。不妨在经过一个冬天后，再寄一张贺卡给李小屹，告诉她，春天要来了，自己要融化去另一个世界了。这样可以保证合理性且不破坏童话，还不让李小屹空等一场。

第3课　小鱼

1.①因为"我"之前只能一味地吸收外界的信息，而绘画成了"我"倾吐内心想法、与外界沟通的重要渠道。②以前"我"学写字遇到了很多尴尬，而画小鱼纾解了"我"的不安。

2."我"妈理解"我"，对"我"宽容，默许"我"画画，但也理解爸爸的"绝望"心理，为了配合爸爸，只能"装作沉重地摇头"，表示"这下子麻烦大了"。

3.示例：不多余。"写字"为"画鱼"做铺垫——因为写字让"我"心生"嫉妒""愤懑""尴尬""无奈"，种种"不安"，所以才会在画鱼中寻找乐趣。而且"写字"与"画鱼"共同表达了"童心童趣"这一主题。

第4课　甲虫戒指

1.从侧面突出"宝石"确实"一点瑕疵都没有"，突出了"我"对它的喜爱；表现了儿童丰富的想象力，令生活充满情趣。

2. "轻浮"本指"言语举动随便，不严肃，不庄重"，这里用拟人手法，写瓢虫飞走时竟然没跟"我"打招呼，态度很不严肃，幽默诙谐，饶有趣味。

3. 示例："它落在我的鼻子上，还有比这更笨的降落吗？"描写瓢虫笨拙的动作，富有诗意。"小瑞用防水胶把硬币粘在了池底，我们谁也没捞上来。"奇思妙想的背后是睿智。"也许它带着丝线飞走了，对同伴炫耀：这是我的拿破仑绶带。"瓢虫竟然以被"我"用丝线缠身为荣，幽默诙谐。"要是钱多，最好在池底粘二十个，人们会疯了一样钻进水里，再钻出。"洞见了人们见钱眼开的世态。

第二单元　挚爱亲情

第5课　琥珀发卡

1. "琥珀发卡"是一件重要信物，是贯穿文章始末的线索：由买琥珀发卡引出故事；再插叙因买琥珀发卡暴露夫妻价值观的分歧，并为此而离婚；再回到当前男人去买发卡；最后为了买发卡，男人压在了废墟中，女人拿着发卡，讲述了这段故事。

2. 女人：爱美，注重生活品质，有情调，天性浪漫，执着。男人：朴实敦厚、温柔体贴、不善言谈、大度，看似现实古板，实则乐观浪漫。

3. 饰物和衣服一样，心情好时才会觉得它们美丽。物件因有感情而美丽，感情没了则毫无价值。去年，她曾经要一个发卡而未得，现在两人都分手了再去弥补婚姻生活中的遗憾，为时已晚，毫无意义。

4. 无标准答案，能表达自己的感悟即可。示例：蝴蝶梦已破，旧曲抚彷徨。百年诚一瞬，相与沐朝阳。

第6课　巴甘的蝴蝶

1.①形象地揭示了文章主题,"蝴蝶"象征母亲,契合母亲温柔、美丽、慈爱的形象,标题突出了巴甘与母亲之间生死相随、至深至真的亲情。②"巴甘的蝴蝶"构成了小说的线索,全文围绕"蝴蝶"和巴甘之间的关系构建框架。③设置悬念,以此为题,能引起读者的阅读兴趣。

2.①母亲离世前,与巴甘约定化为蝴蝶来看望巴甘;②巴甘追逐蝴蝶,捍卫蝴蝶形象;③青岛女老师赠送巴甘蝴蝶,解开了巴甘的心结。

3.①巴甘:纯朴,执着,有些冲动,坚信母亲临终前的约定并守护这个约定,不愿别人伤害蝴蝶;善良纯洁,希望放飞蝴蝶,让蝴蝶飞回草原;性格内向却又心思细腻,平时沉默但内心却有很多美好的想象。②文老师:时尚,教学很受学生欢迎;大度,关爱学生,虽然被巴甘咬了,但她知道巴甘有心结,找他谈话并送他鞋,让被开除了的巴甘回到学校。③青岛女老师:真诚善良,富有同情心,为巴甘的遭遇落泪伤心;有爱心,将贵重的镶嵌蝴蝶的水晶送给巴甘,巧妙引导劝慰巴甘,让他解开了心结。

4.女老师:先是觉得巴甘的要求很不符合常理,因而"笑了",看到巴甘的神情后,料想其中必有文章,于是"止笑","一言不发",让他倾诉。巴甘:自己对蝴蝶倾注了真情,老师竟然笑话自己,所以"脸涨得通红,脸有怒意";想起自己所受过的委屈,想起自己眼睁睁地看着蝴蝶被禁锢在这里而回不到草原去,非常伤心,所以"有泪水"。

5.心理学认为,童年的一些经历可能会在潜意识里伴随人的一生。

如何开导并无标准答案。示例：你对妈妈的执念没有错，妈妈永远会陪伴着你。但是我们也不能自我束缚。妈妈会变成蝴蝶，但并非所有的蝴蝶都是妈妈变的，妈妈不可能变成这么多蝴蝶，而且，在妈妈去世前，那些蝴蝶又是哪儿来的？拥有一只心中的蝴蝶就好。

第 7 课　墓碑后面的字

1.①墓碑埋在灌木和荒草间，立在一座矮坟前。②墓碑的背后有一行歪歪斜斜的字。③在歪歪斜斜的字背后，拥有人世间最痛苦的伤和最真挚的爱。

2.不矛盾。前文是从字的外形上说的，符合写字人的客观实际；后文是从字蕴含的情感上说的，这几个字凝聚了孩子的全部心声、全部情感，具有强大的情感冲击力，令"我"在产生情感共鸣之后难以自持。

3.用比喻、拟人手法，形象地写出了文字的魅力，它像在人心上筑了窝一样，切切实实地、深深地在人心中扎根，具有持久的感人肺腑、动人心魄的力量。

第三单元　世间百态

第 8 课　用筛子筛水

1.铺垫有：①写对筛水人的各种揣测，突出筛水人的怪异；②写中国艺术家揣着石子走 100 多天，突出作者的疑惑，继续为揭开谜底做铺垫；③写筛水人的白眼，说明筛水人认为自己正常，又是铺垫；④桶装水厂老板认为筛水行为正常不过，只是做药引子，这是最后的铺垫。如果不这样卖着关子铺垫着写,而是一眼看到底,那就索然无味,激不起读者的任何阅读期待。

2. 类比手法。拓宽了写作背景,两件事相互映照,具有类似的性质,都让"我"不解;再设悬念,为揭示故事缘由做铺垫;增强了文章的内涵,使文章更为丰厚,可读性更强。

3. 桶装水厂老板是个喜欢讲深奥道理的人,他认为筛水的人压根不能称之为筛水,他就是正常不过的在做药引子,就是在活动筋骨治疗肩周炎而已,却要搞得像煞有介事,不必少见多怪。

4. 无标准答案。示例:看上去是傻,其实大智若愚,远胜过眼珠一转一个主意的"聪明人"。筛水人是专注,是定力,不被眼花缭乱的世界所诱惑,是一种大境界。因为信得坚定,所以能有奇迹。

第9课　去加格达奇的火车

1. ①情绪低落,但还是要表示感谢。②表示对自己过去生活态度的追悔与无奈,以及现在希望尽量弥补的心理。

2. ①内容上,丰富故事情节,拓展了文章主旨。通过这本书带出并突出人生是复杂(精彩)的,表现了病人已没时间体验的遗憾,表达作者对其境遇的同情。②结构上,为下文病人连呼"没用",无法体会到生命美好的情感做铺垫。

3. 不设统一答案。示例:①对胖子:得饶人处且饶人,与人方便自己方便。②对穿毛衣的乘客:气大伤身,火大伤肝,胖子的教训是深刻的,要做一个堂堂正正、有爱的人。③对癌症患者:生命的长度也许无法拉长,但我们可以拓宽生命的宽度。

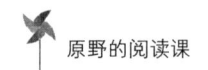

第10课 寻找鲍尔吉

1.①银行小姐不相信有人会姓"鲍尔吉";②银行小姐让"我"把"鲍尔吉"找来一同领款;③"我"寻找到一个面善的人充任鲍尔吉,他不干;④"我"寻找到一个无赖模样的人充任鲍尔吉,两人动了粗,事情黄了;⑤"我"找到刘红草帮忙演戏,可是他没名章;⑥"我"花七元钱找一个老头刻了章,领回了六元钱稿费。

2."和蔼"—"很难……保持气定神闲""虚弱"—"有些被激怒了""忍住""仍耐心解释""尽量悠闲"—"怅然"—"骄矜"—"恳求"

3.外貌、神态描写,生动地表现了银行小姐内心的得意。以脸"很好看",反衬人物内心并不美好。"用化妆品抹得很好看",反讽她的脸其实也是一场"骗局"。

第11课 信任开花

1."信任开花"是比喻的说法。它的意思是说,真诚的信任能让别人感受到被尊重被信赖的幸福,犹如胸前被人戴了一朵大红花。说明互相信任能构建和谐温馨的人际关系,是美化生活的精神元素。

2.不多余。这是由点到面,从更广阔的层面写当时的社会现状,表明人与人的信任不是个例而是普遍现象,突出了"人与人应当信任","信任一个人不需要理由"这一主题。

第12课 雪地上的羽毛

1.无标准答案,言之有理即可。示例:"雪地上的羽毛"最好。明确了时间、地点、主要叙述对象,内容又引人遐想;"羽毛"是文章线索，贯穿全文。

2.本指任意糟蹋东西，这里指"我"踩在无痕的雪地上，糟蹋了"这么细腻、柔情的雪"。

3.因为"我"在看一根羽毛，害得他以为雪地下一定藏着一只被"我"杀死，而他可以取回去红烧的鸽子，结果白忙一场，所以他认为"我""是个大骗子"。

4.面对当今这个物欲横流的社会，作者希望人们不要过分关注物质，要淡化功利心，重视精神生活的丰富，懂得在俯仰之间辨识和鉴赏美好的事物。

第四单元 人生感悟

第13课 积攒快乐

1.希望人们以积极的态度对待人生，抛弃一切不快乐，在生活中寻求乐趣，努力地积攒快乐，充填自己的生活。

2.①在毫无意义的比较中丢弃了快乐；②自己定的目标太高，总妄想寻找新的快乐、更大的快乐；③修养、性格使其招来"无妄之恼"。

3.运用比喻手法，生动地表明：快乐也喜欢轻松无烦恼的人；你不珍惜快乐，它稍纵即逝，说没就没了。

第14课 谦卑的力量

1.先以先民在造物主面前谦卑的现象引出"谦卑是一种姿态"；然后概括论述为什么要选择"谦卑"这种姿态，谦卑的具体内涵是什

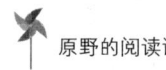

么（谦卑是找到了自己的位置，谦卑是一种睿智，谦卑是美），最后得出谦卑有力量的结论。

2. 科学领域博大深邃，一个科学家有再多的发现，也只是其中的点滴，对科学的认识还很幼稚。

3. 举例论证。具体论证了牛顿的话的正确性，从而进一步论证了"谦卑是一种睿智"，增强了说服力。

4. ①谦卑是一种姿态，使人在生活中找准自己的位置。②谦卑让人睿智，让人不为成就而自大。③谦卑使人焕发出美，这种姿态超凡脱俗，使人心仪不已。

第15课　让高贵与高贵相遇

1. 一个"高贵"是指"旋律或词语以及人心中美好的部分"，另一个"高贵"是指"泪水"。当"我"听到使人肠热的旋律，读到真诚的好书、好诗，看到世道人心中美好之物时，泪水这一批"高贵的客人"就不期而至。

2. 突出自己经受过风雪、困厄的洗礼，性格强悍，理论上不至于多愁善感、常常流泪，从而反衬美好事物的感人力量，突出人心需要美好情感的滋养。

3. "旋律或词语以及人心中美好的部分"像"海浪"一样不易相遇，常常"与你相拥的一瞬消散了"，但"远处又有浪涌来"，所以总能给人以希望，让人"欣慰"。

4. 作为一个男子汉，却常有泪水不期而至地造访，所以开头说"我很难为情"。作者认为被好书、好的音乐，以及其他美好事物所打动，是人的一种美好情感，理应如此，所以文末说"我不必为自己难为情了"。

第16课 善良是一棵矮树

1.这是用的比喻修辞手法。善良之树生长缓慢,不引人注目,有时还没有果实,形象地突出了"善良"不受待见的可悲现状。

2.举例具体论证一些中国人自己虚伪,而把善良寄托于别人身上。

3.善良是一种防御武器,它有时能使各种恶意、歹意不攻自破,从而保护自己,"化险为夷"。

第17课 天真

1.①天真是纯真率直,本性是真,只能是纯性情的流露;②天真由无邪而来,无不洁之念;③天真事实上是一种诚实;④天真由"天"而出,得乎天性,自然而然。

2."知识是天真的大敌"是对普通人,尤其是针对儿童而言的。被语文算术等知识绕缠,儿童的天真无邪就会被束缚乃至消亡。爱因斯坦是科学泰斗,但他同时能保持天真,这"无异于奇迹",是特例。再者,爱因斯坦的天真其实是"诚实",与儿童的"无邪"并不完全一致。

3.先借助余光中先生的话提出观点"天真之'真',由'天'而出";再以黄永玉《永玉三记》中说喷嚏、说镇定的妙语为例,论证语言的精妙不仅仅体现了睿智,更来自天真,无法模仿;然后再举生活中有的诗人在诗中不恰当地布置了过多的"天真"而被指责的反例进行论证;最后以培根、李敖、昆德拉为例,从反面阐述为文之道不一定非得走"天真"这条路。

第五单元　季节之歌

第18课　春如一场梦

1.苦苦寻找，不得线索；突然来临，不断变化；似有若无，把握不住。

2.①近春时产生寻春的冲动；②三月中旬找了蒲河的冰、泥土，内心产生迷惑；③三月末从长春回来，青草冒出了，桃花开了，蝴蝶开始飞了，被春天"搞了一场偷袭"，非常失落、懊悔、无奈；④今日，发现春天如洪水般袭来，震惊颓然。

3.姗姗来迟；悄悄酝酿；轰然而至；严密有序。

4.（1）运用拟人的修辞手法，生动地表现了春天"轰然而至"、充满生命的力量的特点。

（2）运用拟人的修辞手法，春天仿佛一个孩子终于摆脱了束缚急切地奔来，生动地表现了春天突如其来的特点，写得有情有味。

第19课　春天是改革家

1.①春天高屋建瓴，具有全局性、战略性的思想意识；②春天具有说干就干、雷厉风行的工作作风；③春天具有不怕困难、坚持改革的决心；④春天具有坚信改革成功的乐观精神；⑤春天具有朴实无华、默默工作的品格；⑥春天具有不贪功劳、功成即身退的豁达胸怀。

2.通过对比，突出北方春天藏在一切事物的背后化冻成汿的特点，为后文揭示其默默工作、功成即身退的可贵品质做铺垫。

3.冬天是冷酷的君王，连微小的变化都会拒绝，所以让万物在冬天里复苏不可能平稳"过渡"，必须经过极为艰难、酷烈的斗争、较量，才能迎来春天，迎来夏天。

4.①在北方，春天的脚步快，来去匆匆，别人还没感觉到春天，它就过去了；②一般人看不懂春天从事的工作；③春天常在幕后做工作。

第20课　大夏之夏

1.①呈现中和之美；②盛大，到处是生命的集市；③庞杂却秩序清晰；④夏日是雨的天堂；⑤夏夜深邃，虫子和青蛙的呼喊声停不下来。

2.雨从天空奔赴大地，摸了摸玉米、牛背、树干、烟囱等想摸的一切东西；在房顶停下来，想一想，然后排队跳下，在大地造出千万条河流；雨沉入泥土或加入河水，跑向远方；其他的雨乘上气球回到了天空，换上厚厚的棉衣。

3.运用比喻的修辞手法，将夏日的各种声音比作乐器奏响，形象生动地表现了夏日的美妙动听，充满对夏天的喜爱之情。

第21课　没有人在春雨里哭泣

1.概括了文章的主要内容。本文写了春雨中的青草、桃花、杏花、杨树、鸟儿等动植物，它们都欢迎春天的到来，因为能在春雨中得到滋润。而真正的"人"，也许"抱怨雨"，对雨的到来感到"意外""慌张"，但"春雨不许人们流泪"，它会帮人"洗去许多年前的泪痕"，看看"春天到来的证据"。所以，谁都不会在春雨里哭泣。

2.联想、想象，形象地写出春雨细而轻盈、连绵不绝、随风飘荡的特点，体现出从容自在、享受生命情趣的人生追求。

3.文章将人的"旧"和春雨的"新"、人生活的乏味和春雨的自在有趣进行对比，又想象春雨对人心的温柔抚慰，突出春雨清新灵动、生机勃发、滋润万物的特点，表达对春雨的赞美；三次写人，从"不开花""不像花"推进到"不看花"，对现实中人们的迟钝麻木、冷硬脆弱、缺乏生机和情趣进行反思，寄寓回归自然、保持乐观蓬勃的生命状态的期待。

第22课　四季

1.秋天最"干净"（或最简洁、最丰盈）。冬天最"凛冽"（或最凝重），春天最"饱满"（或最无可言说）。

2.春天"无可言说"，所以没有先说；秋天"干净""简洁""丰盈"，故先写，秋天过后是冬天，春天过后是夏天。所以按这样的顺序。不按常规写作，给人以新奇感。

3.运用拟人的修辞手法，写叶子依恋树枝，具有"恋母情结"，或是不肯轻易臣服，具有"高仰的品格"，这就把叶子写得有情有义有个性，惹人怜爱。运用比喻的修辞手法，把人们观看终于落地的叶子说成"读一封迟寄的信"，生动地表达了人们对叶子的关注、厚爱。整句话体现了自然的美好、人与自然的和谐。

第六单元　辽阔天地

第23课　黄昏无下落

1.①作者小时候在牧区看到的壮美、多变、短暂的黄昏景象；

②生活中被人们忽略的人间大美的自然景象;③被物质和浮华淹没的精神追求。

2.作者对黄昏的情感,开始时是"好奇",后来"忧伤",再后来"自豪",最后是"反思",逐层深入。

3.①太阳以大排场告诉人们它要落山了,人们却习以为常。②假如太阳不再升起,全世界的人会在痛哭流涕中凝视黄昏,每日变成每夜,电不够用,煤更不够用,满街小偷。

4."那么大的场景,那么丰富的色彩,最后竟什么都没了,卸车都卸不了这么快。"这样的场景是"天空对人的抚爱",是别处,尤其是大城市所看不到的;这样的场景如果没有欣赏美的心境,也是见不到的。

5.无标准答案。示例:"西方的天际在柳树之上烂成一锅粥,云彩被夕阳绞碎,在无边的火池里挣扎奔走,暮霭在滚金里面诞生俗艳的红,更离奇的是从红里变出诡异的蓝"一句,运用了拟人、比喻的修辞手法,将黄昏中的天际比作一锅粥,"云彩"似乎被"夕阳"这台绞肉的机器"绞碎"而"挣扎奔走",生动形象地表现了夕阳落山前的"悲壮"情状,表达了作者的忧伤之情。

第24课 静默草原

1.如果睁大眼睛看草原,想在眼光的每一个投射处,都有新景物可观,景随步移,那结果就是"没有",所以"看不到";在草原,无论勉力前眺,还是回头后望,都是辽远无边,一直延伸到远方与天际接壤,所以"看不尽"。

2.(1)"苍茫"不能"装填",这只是一种感受,希望更多一点

· 213 ·

感受这辽远大草原的苍茫感。本句表现了草原牧人对大草原的喜爱，这样的一种感受简直就是一种享受。

（2）"善忘"实际上是对人生的豁达与洒脱，是一种对荣誉、金钱、地位等的不计较。"在静默中观望"是一种坦然自若、不张扬的沉稳。观望未来需要我们向前看，用心去感受生活，永葆一颗纯净的心。

3. "我"像母牛一样品尝清水，像烈马一样摩挲草尖，通过与草原的肌肤之亲，表达对草原的热爱之情。

第25课　一辈子生活在白云底下

1. 不能算多。因为"一辈子生活在白云底下"，"白云底下"正是草原，"白云"只是背景，"草原"才是立足之处。另外，详写草原无处说起，说不流畅，这就烘托了"今天我对草原的记忆只剩下一样东西——云。地上的事情都忘了，忘不掉的是草原无穷无际的云"。

2. 是作者有意为之。意在表明，"草原于我，是一团重重叠叠的影像"。

3. 这是一个年迈而富有童真、乐观亲和、热爱自然、敬畏自然、生活如闲云野鹤般惬意自在的草原人。写这件事，意在表明，"老家的人一辈子都在云彩底下生活"，云是家乡最常见的景象，老家人对云深怀感情。

第七单元　草原生灵

第26课　羊的样子

1. ①生活中的羊悠闲自在，温驯，小心翼翼；②艺术作品（画家的画）中的羊美丽纯洁；③餐馆（屠宰场）中的羊哀哀戚戚。

2. 内容上，饱含着作者对人心冷漠麻木的深沉的批判及对羊的怜悯，以引起读者的警醒；结构上，为下文作者希望人有一颗对生命敏感的心灵做铺垫。

3. "青草抱住了山冈"，用拟人的修辞手法生动地写出了茂盛青草和山冈相依而生的情形。"在背风处，我靠回忆朋友的脸来取暖"，诗意地表达了朋友和"我"的亲密关系，朋友是"我"的精神支柱。"我一回头，身后的草全开花了，一大片。好像谁说了一个笑话，把一滩草惹笑了"，运用了拟人的修辞手法，生动形象地写出了花儿开放时的娇美姿态，也烘托出"我"内心的愉悦之情。这些诗句表现了人与人、人与自然和谐共处的美好图景，它们代表了"我"的美好愿望，当然也是羊的祈盼，所以说"仿佛是为羊而作的"。

第27课　凹地的青草

1. 意在表明，牧区常有这样幽默的人，突出了主题，反映了牧区人民积极乐观的人生态度，赞扬了牧民自在幸福的生活。

2. 示例："草像埋伏的士兵，等待初夏冲出去和草原的大部队会合。"这句话运用拟人的修辞手法，把"草"比作士兵，把草原比作"大部队"，并用一个"冲"字写小草的长势，生动形象地写出了小草初夏迅速蓬勃、充满活力与生机之状，饱含了作者对小草的喜爱之情。

3. 写出一处即可：①我觉得羊羔是牧区最可爱的动物。如果让我评选人间的天使，梅花鹿算一位，蜜蜂算一位，羊羔也算一位。②羊羔不饿，它像儿童一样寻找美，找比青草更美的花。露珠喜欢花，蜜蜂喜欢花，云用飞快的影子抚摸草原上的花。③纽扣大的花在羊羔的视野里有碗那么大，花的碗质地比纸柔润，比瓷芳香。

第28课　胡杨之地

1.①胡杨的姿态如人，它们就像有灵魂、有苦痛的人。②有胡杨的地方，都是动植物们的受难地。黄羊、灰羽鹤、野兔、芦苇等无数野生动物与植物的灵魂请它们保持苦痛控诉的姿态留在人间。

2.六十年前的胡杨之地是湿地，风吹草摆，植被茂密，动物繁多。现在是寸草不生的荒沙，空荡荡的虚无，什么野生动物都没有，土地和天空已经死亡，是京津风沙最主要的源头。主要原因是人们不尊重自然，愚昧，逐利，在这里肆意打黄羊、挖发菜。

3.示例：人类啊，我用哭泣的语言向你们控诉，我们大自然的每一个生命都是有灵魂的，请你们尊重我们，也请你们保护好我们，毁灭了我们也就毁灭了你们生存所必需的环境啊！（不设统一答案。）

第八单元　河川沧海

第29课　河床开始回忆河流

1.①运用拟人的修辞手法，赋予河床、河流以生命，生动形象，富有文学情趣；②形象地概括了河水断流的现象，揭示引发作者思绪的本源；③"开始回忆"表明河流已无回归的可能，河床不再期待，暗示人类尚未觉醒，表达了作者深深的担忧之情。

2. "竟然"表示"出乎意料""没有想到"。"一个宽阔的河流"居然"一滴水都没有","可以用汹涌、清澈、波浪和白帆形容的河"说没就没了,表达了作者"无法想象"的遗憾、失落、震惊、愤怒之情。

3. 因为杀死河流是一种社会集体行为,所以人们都不认为是自己的罪恶,只是不停地从大自然掠夺资源享受自己的快乐,并把这当作一种理所当然的正常行为。

4. 面对河的"辞世",作者先是"惊讶""不安";后来,借大自然和河床之口,说出了自己的"痛苦""悲哀";最后,作者是满腔"愤怒"。

第30课　河在河的远方

1. ①河流最像时间;②河流览历深广;③河流到达的远方;④河流也会疲倦;⑤河流志在远方。

2. ①用自来水衬托河流。自来水是稚嫩的婴儿,是带着消毒气味的城里人,而河流是永不止步的智者。②由自来水引出对河流的叙写,使行文显得舒缓自然。

3. 在作者看来,河是对世间美景毫无留恋的智者,什么也不能让它停下脚步,它目光远大,勇往直前,不管道路是否曲折艰险,也不管前面是否荒蛮绝路。河是智者的化身,河是勇者的象征,其生命在于运动,其价值在于追求。

第31课　布尔津河,你为什么要流走呢?

1. 三个问题:①河水要流到什么地方去,还有比喀纳斯更好的地方吗?②青草、野花都喜欢河谷,布尔津河,你为什么要流走呢?③既然白桦树也生长在这里,布尔津河,你为什么还要流走呢?这三个问题呼应了标题，作为线索贯穿全文；语意上逐层加深，从侧面表现了布尔津河周围景色的优美，突出了作者对布尔津河的热爱和留恋。

2.①河谷的风湿润，青草在风中就可以洗脸。②这里花多，青草天天生活在花园里。

3.（1）运用比喻的修辞手法，将布尔津河比作"没摆食物的餐桌"；运用拟人的修辞手法，把布尔津河被青草和红柳覆盖，说成"青草和红柳合伙把布尔津河藏在自己怀里"，生动地写出了布尔津河的外在形状以及周围植物茂盛的情形，传达了作者深深的喜爱之情。

（2）运用比喻的手法，生动地写出了云杉树的外形美；运用拟人的修辞手法，生动地写出了云杉依山而长的特征，把静态的云杉树写得富有动感，惹人喜爱。

第32课　雨落大海

1.①海是最自由的领地；②在海里从不必担心干涸；③海里有比陆地更美的景物；④海底舒服温暖，没有淹死的恐惧。

2.①从"我"的视角看到了珊瑚、鱼、贝壳、细沙、海葵、章鱼。②从"雨"的视角看到了兄弟姐妹、城墙般的巨浪、透明的风、海鸥、鲸鱼、海草、太阳。

3.①拟人手法：把雨人格化，赋予雨丰富的情感，有利于抒情，对雨的描写更形象生动。②对比手法：将海底的美与陆地的美对比，将海中景色鲜明与人的肤色单一对比，将海底的舒服与陆地的恐惧对比，更鲜明地突出了雨落大海的美丽、自由与舒服。③比喻手法：如白珊瑚像不透明的冰糖，海葵像花儿摇摆，海草头发飞旋似女巫，太阳像蛋黄摊在海的外层，等等，形象生动地描写了海底景色的鲜艳美丽。

第九单元　万物有灵

第33课　山菊花

1.不多余。这四段渲染了野菊花生存环境的恶劣——海风劲吹，石壁磊落光洁，从侧面烘托了野菊花"搏斗""坚持"精神的难能可贵，引出下文的描述对象。

2."那些吃苦如饴、面朝大海的人们"和野菊花一样，"虽然吃苦，虽然卑微，却长在临风的山梁"，值得人们尊敬。作者想借此表达自己对劳苦大众的敬仰之情，希望这种勇于直面困难、战胜困难的精神得以传扬。

3.示例："如果是人，早跑到了避风的地方。东京山的菊花对海风说：'不！'说'不'的花有钢铁般的力量。什么叫搏斗？什么叫坚持？它们都知道。""他们虽然吃苦，虽然卑微，却长在临风的山梁。"这些句子并没有使用华丽的辞藻，干干净净，平白如话，但是雅致、生动，富有情味，营造了美的意境。细细咀嚼，它们蕴含着作者对生活的深刻领悟，蕴含着深刻的哲理——评价一个人不应只看他的处境、身份，更要观察他的品质、情怀。

第34课　松塔

1.①朴厚，仁慈，让孩子住得好，不愿意孩子们分家；②家族有悠久的历史；③气节坚劲；④生命力强；⑤数量多，遍布城里山区、谷底山顶；⑥从小有理想抱负。

2.①住所好，金字塔结构；②气味好，松树家族崇尚香气；③从小见过大世面。

3.①对松塔的结构充满了惊叹之情；②对松塔成熟之后能在峭岩上长成树的赞美之情；③对松塔落土之后盼望在大风和贫瘠的土壤里生活的钦佩之情。

第35课　藤

1.①追求自由，想去一切地方；②善于"借力"发展自我，它认为所有的地方都是肩膀；③好奇心重，想知道高处和高处的高处还有什么；④以不材自喜，情愿寒碜，不求名利，不必为了表面的繁华受人利用，保持自己的本色；⑤坚韧不拔，把开花的力量变成皮革般的纤维。

2.比作"龙蛇"，是说藤灵动而有生气，有着神奇魅力；比作"猴子"，是说藤向往自由，有好奇心。

3.藤在文人画里上了厅堂，化大野为大文，它是经过艺术升华的藤，是具有文化意义的藤。写文人画藤，丰富了文章的内容，增加了文章的文化内涵。大师笔下的藤，表现了叛逆、刚烈的精神，寄托着具有独立人格的中国文人的精神，与上文所描写的藤的个性是一致的，映衬深化，为下文升华"艺术源于生活"的观点做了铺垫。

4.作者从对藤的观察感悟得出这样一个结论，是说在一般人的眼里，所谓生活就是物质，就是实用，如椅子、盾、桥梁等；在懂得艺术的人的眼里，藤的意义则远远不只这些，它有着令人遐想的内涵，它是一种精神的存在，它给人以精神的享受、美的遐想、情感的寄托、思想的启迪。

第36课　墙

1. ①由泥土筑成的墙，围成了家，宣示着人们情感和财产的归属，给人一定的安全感；但墙的作用又主要是阻挡，因此，墙又起着窒碍人们思维的作用。②从人们对墙的态度可看出人们思想的二重矛盾：一方面盼望自己的思想如水一般自由流动，另一方面又筑立更多的墙把自己与他人分开，隔绝与他人的交往；一边拆除脑子里的旧墙，一边又在脑子里建筑新的墙。③信息时代的到来，使一切在思想领域已经建筑的墙和企图建筑的墙都面临被拆除的可能；但墙既有缺点也有优点，既有存在的必要性，也有被拆除的合理性，必须辩证认识。

2. 连续运用四字短语，读来朗朗上口。它生动地描绘了人从生到死的主要经历，而这些都逃不脱墙的眼睛。

3. 运用比喻修辞手法，生动地表明墙和任何事物一样，都是矛盾的辩证统一体。首先，墙具有存在的合理性和必要性："墙里墙外裁定财产与情感的归属"，它"是等级和智愚的分野"，所以墙"是伟大的分类法"；墙"对垒雨、对垒北风"，"失去墙既失去阻隔，也失去庇护"，所以墙是秩序与安全岛。但是墙也有弊端："墙窒碍了人的脑子"，"在许多情形下，墙就是强——强权、强大与强势"，所以墙"是囚禁"；墙还"是红杏的梯子"，促成人出轨或越规。

第37课　钟声

1. 文章从音色、质感、触觉、形态诸方面展开对钟声的描绘，并融情入景，使钟声"着我之色彩"，极富诗情画意。

2. 钟声产生于生活与劳动，是生活的音响；钟声是一种特别的音乐，具有艺术的美感，是由生活中升华出的艺术。

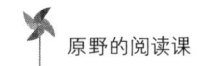

3.钟声代表了生活中心境的平和、安宁与从容；一个城市，在繁华热闹的同时，又能显现着它的平和、安宁与从容，这样的城市才是成熟的城市。

第十单元　艺术之美

第38课　我等过你

1.作者"等来的东西"即詹姆斯·拉斯特乐队带给他的两点收获：①他使"我"这个没有受过很好的音乐教育的人，渐渐理解了许多西方古典乐曲，得以同大师进行儿童与巨人式的沟通，在乐曲中发现"与我的心性契合"，使"我"的生活拥有了幸福感；②在他的曲子里，"我"悟出典雅、开阔与不避俗亦为文章之道。

2.意在说明"人与音乐的契合，委实是可遇而不可求的难事"，进而用来表现作者与詹姆斯·拉斯特形成的默契、产生的共鸣是令人欣喜、弥足珍贵的。

3.运用举例论证和比喻论证，具体生动地论证詹姆斯·拉斯特的作品体现了"一种漫不经心的中庸之美，这里没有令人眼湿的激情"，增强了说服力。

4.其他称呼还有"詹·拉""老詹"。这样写，使行文富于变化，显得不单调；使语言显得风趣，体现了自己与詹姆斯·拉斯特的默契和亲近。

第39课　我们有时度过一个亲密的夜

1.示例：生命像一望无际的原野，人生就是一次旅行；人生旅途中有许多深藏着的记忆和对未来的渴望，要珍视生命中的每一次感动。

2.运用拟人的修辞手法,化静为动,描写了一幅幽静、惬意、充满生机的月夜河景图,既生动形象,又饱含喜爱之情。

3.运用比喻、夸张的修辞手法,形象地解释了"诗无达诂"的道理。由于诗的含义常常含蓄委婉,甚至于"兴发于此而义归于彼",加上鉴赏者的心理、情感状态、经历等不同,对于同一首诗,一千个读者可能会做出一千种各不相同的解释。

第40课　写作让人活两辈子

1.在写作中,无论苦难或忧伤,所经历的一切在流露笔端之前,在内心再一次经历一遍。原来的悲喜都没有浪费,而且使"我"在品格方面比过去更好了一些。对"我"来说,似乎活了两辈子。

2.①写作使人谦逊;②写作使人善良;③写作使人朴素。

3.以"农人"为例,并将"农人"与"歌星"对比,具体论证"差不多所有的劳动都使人朴素"。再以"农人"的劳动类比"写作",将"写作"与"开炮"做比较,论证写作"是一点一滴的劳动的积累",朴素才更美。